▶ 本书为国家自然科学基金项目（项目编号：70772076）的部分研究成果；
本书出版受湖北体育产业研究中心资助

创业团队风险决策

CHUANGYE TUANDUI
FENGXIAN JUECE

陈　刚 / 著

知识产权出版社
全国百佳图书出版单位

图书在版编目（CIP）数据

创业团队风险决策/陈刚著. —北京：知识产权出版社，2015.5
ISBN 978-7-5130-3212-4

Ⅰ.①创… Ⅱ.①陈… Ⅲ.①企业管理—风险决策—研究 Ⅳ.①F272.3

中国版本图书馆 CIP 数据核字（2014）第 278321 号

责任编辑：江宜玲　　责任出版：刘译文
封面设计：张　冀　　责任校对：谷　洋

创业团队风险决策
陈　刚◎著

出版发行：知识产权出版社有限责任公司	网　　址：http：//www.ipph.cn
社　　址：北京市海淀区马甸南村1号	邮　　编：100088
责编电话：010-82000860 转 8339	责编邮箱：jiangyiling@cnipr.com
发行电话：010-82000860 转 8101/8102	发行传真：010-82000893/82005070/82000270
印　　刷：保定市中画美凯印刷有限公司	经　　销：各大网上书店、新华书店及相关专业书店
开　　本：787mm×1092mm　1/16	印　　张：11
版　　次：2015年5月第1版	印　　次：2015年5月第1次印刷
字　　数：177千字	定　　价：38.00元

ISBN 978-7-5130-3212-4

目　录

第1章　绪　论 ………………………………………………………… (1)

1.1　研究背景、目的与意义 ………………………………………… (1)

1.2　国内外研究现状 ………………………………………………… (4)

1.3　研究内容与研究方法 …………………………………………… (18)

第2章　创业团队风险决策的基本框架 ……………………………… (21)

2.1　创业团队的界定 ………………………………………………… (21)

2.2　创业团队风险决策的界定 ……………………………………… (27)

2.3　创业团队风险决策的认知心理学 ……………………………… (31)

2.4　创业团队风险决策的适应性理论 ……………………………… (40)

第3章　创业团队风险决策的权责利配置机理 ……………………… (51)

3.1　创业团队风险决策过程中的决策权分布 ……………………… (51)

3.2　创业团队风险决策过程中的风险配置 ………………………… (58)

3.3　创业团队风险决策过程中的利益配置 ………………………… (65)

第4章　创业团队风险决策的多目标权衡机理 ……………………… (78)

4.1　创业团队风险决策的多参照点权衡机理 ……………………… (78)

4.2　创业团队风险决策的投入产出目标权衡机理 ………………… (91)

4.3　创业团队风险决策的短、中、长期目标权衡机理 …………… (100)

第 5 章　创业团队风险决策的自学习进化机理 …………………（108）

5.1　创业团队风险决策的权谋行为 ……………………………………（108）
5.2　创业团队风险决策的学习机制 ……………………………………（112）
5.3　创业团队风险决策的系统动力学模型 ……………………………（116）
5.4　创业团队风险决策的感知进化示例 ………………………………（122）

第 6 章　实证分析 ……………………………………………………（132）

6.1　研究目的及思路 ……………………………………………………（132）
6.2　创业团队风险决策中的权责利配置现实规律 ……………………（133）
6.3　创业团队风险决策中的多目标权衡现实规律 ……………………（136）
6.4　创业团队风险决策的影响机制 ……………………………………（140）

第 7 章　总结与研究展望 ……………………………………………（150）

7.1　总结 …………………………………………………………………（150）
7.2　创新点 ………………………………………………………………（150）
7.3　研究展望 ……………………………………………………………（151）

参考文献 ………………………………………………………………（153）

附　录 …………………………………………………………………（167）

附录一：创业团队结构机理研究问卷 ………………………………（167）
附录二：武汉市政府创业政策及行为调查问卷 ……………………（169）

第1章　绪　论

1.1　研究背景、目的与意义

1.1.1　研究背景

创新型社会最根本的标志就是让每个人、每个组织的创新能力得到充分的发挥。创业的根本价值在于它能够推动创新成果的转化、拉动全社会的持续创新。随着技术更新的加速化、经济发展的多样化、生活方式的丰富化、市场需求的多元化、信息流通的敏捷化，作为市场经济主体的企业也在发生着巨变：老旧企业不断淘汰，新生企业不断涌现。这使得创业成为活跃社会生活、推进人类社会发展、实现社会新陈代谢的一种基本方式。传统的“个体创业”模式已无法适应新的挑战和要求，“团队创业”模式显得愈来愈重要。大量理论和实践研究表明，创业活动越来越多地依赖于一个团队而不是单一个体（Teach，1986）。创业团队已经成为当今世界的创业主体，而且团队创业的绩效要优于个体创业（Francis，Sanberg，2000）。为此，研究创业团队具有很强的现实意义。

虽然创业团队对于创业实践具有极其重要的意义，但是创业团队的群体性、动态性、开放性使得创业决策更加复杂。创业具有高风险性，这一特点决定了创业决策不是确定性问题的简单决策，而是围绕不确定问题及其不确定结果的复杂性决策。所以，创业决策必然是风险决策。对于创业团队而言，其创业决策不仅是复杂的风险决策，而且其复杂性更加突出。这主要表现在以下三个方面。

（1）创业决策的内容更加复杂。对于创业团队而言，其个体的创业决策已经不再限于“是否创业”“创何业”“如何创业”等简单问题，还需要面对“与谁合作创业”“如何合作创业”“以什么方式合作创业”等更复杂的问题，而且这些问题涉及情感、关系等非理性因素。

（2）创业决策的过程愈来愈复杂。对于创业团队而言，其创业决策与创业团队的组建是同步的，而且创业团队的组建，尤其是关于团队组建的决策，将会对创业决策产生影响。这使创业团队的创业决策过程更加复杂，而且决策问题及其结果的不确定性更加突出，即创业团队的创业决策具有更高的风险性。

（3）创业决策的机理更加复杂。对于创业团队而言，其创业决策是一个群体决策过程。在该过程中，存在个体之间的合作博弈，这将直接影响个体的投入和产出、权责利、进化与学习，间接影响个体的认知、风险倾向及创业意愿等心理因素，最终将影响其创业决策。在这一过程中，还存在一定的群体决策机制。这种机制既是个体之间合作博弈的基础，也是影响个体创业决策的重要因素，并在一致性创业决策的集结过程中发挥重要的作用。所以，创业团队的创业决策是一个复杂的群体性风险决策，也被称为创业团队风险决策。

虽然创业团队风险决策的特性极其复杂、机理难以挖掘，但是，基于创业团队在现实经济生活中的地位，探究其机理仍然是非常必要的。在创业团队风险决策过程中，既有个体的投入决策，也有其产出决策；既有个体之间的联盟决策，也有个体的创业选择。这些既是创业决策的主要内容，也是影响创业团队组建和有效运行的主要因素。在创业团队风险决策过程中，对于任何个体而言，创业认知是其决策的依据；风险倾向和创业意愿是其决策动力；创业团队成员构成及层次结构是其决策背景；等等。这些因素既会影响个体的创业决策，也会影响创业团队的行为，使创业团队合作行为、决策行为、学习行为等呈现复杂性、独特性和演化性。在创业团队风险决策过程中，因为创业活动的非常规性、创业环境的不确定性，使得创业团队在创业过程中不断遭遇新情况、新问题。这些都需要创业团队及其个体不断地改进认知、做出新决策、采取新行动，以便适应新情形、提高创业绩效。所以，创业团队风险决策是创业活动的主要内容，而且创业团队风险决策的科学性是创业团队成功运作的关键。因此，有必要对创业团队风险决策机理展开深入的研究，以帮助创业者化解创业风险，并合理地利用“风险共担、利益共享”的机制，提高创业团队的运作效率；同时，通过这一研究得出一些有意义的结论，可为我国创业者进行科学的创业决策提供一些新思路和新方法。

近年来，国内外学者在创业团队构建、创业决策、群体决策和风险决策等方面取得了很多成果，但是关于创业团队风险决策的研究则较少，尤其是在创业团队风险决策机理方面尚显不足。在此背景下，亟须运用创业理论、决策理论、风险理论等多学科、多理论知识对创业团队风险决策机理进行深入研究，以补充和完善现有的创业管理理论框架；同时有必要将创业决策理论、群体决策理论、风险决策理论和激励理论相结合，探索促进创业团队科学决策的新模式，以激发团队的创造性与理解力、提高创业团队的胜任力（张振华，2009）。

1.1.2　研究目的及意义

团队创业是人类创业活动中广泛存在的普遍现象。组团实施创业，这对消除资源缺口和能力缺口（谢科范，等，2010）、化解创业风险有积极的意义。但是，其对创业决策既有积极的影响，也有消极的影响。其积极的影响体现在：①丰富创业决策的信息；②提高创业决策的质量；③改善创业决策的行为；④推进创业绩效的持续提升。其消极的影响体现在：①降低创业决策的效率；②提高创业决策的风险；③影响创业决策的执行。因此，科学地透析创业团队风险决策机理、分析创业团队风险决策过程、研究创业团队风险决策模式、提出科学的决策方法是管理科学学科中非常重要的任务之一。为此，本研究以创业团队为研究对象、创业决策为研究内容、风险决策为研究背景，试图从多学科、多理论的角度透析创业团队风险决策机理，探讨创业团队风险决策的原则、过程、方法与策略。

本研究的理论与实践意义主要表现在以下几个方面。

1.1.2.1　理论意义

（1）从社会学、经济学、生态学、行为科学、系统科学、心理学等多学科角度探究创业团队风险决策的内涵、规律和特点。

（2）吸收创业决策理论、风险决策理论和群体决策理论的最新研究成果，从多个角度建模论证创业团队风险决策机理。

（3）试图将适应性群体决策、生态理性决策和合作博弈等理论和方法综合运用于创业团队风险决策机理的研究之中，寻求学科的交叉，并拓展其应用领域。

（4）尝试在创业团队风险决策过程、模式、机理和方法等问题上进行有突破性的研究。

（5）所探讨的创业团队风险决策机理既是对国内外现行决策理论的融合和发展，更是对现行国内外创业决策的发展。其无疑具有重要的理论意义。

1.1.2.2　实践意义

（1）有利于促进创业者对创业团队及其风险决策的认识，提高创业者的风险意识、合作意识、创业意识和风险决策认知，改善创业决策质量。当前，许多创业者对创业团队风险决策认识不足，以致决策过程、决策程序破坏内部团结与合作；决策结果损害创业实施和绩效。促进创业者对创业团队风险决策的认识和重视，有赖于对创业团队风险决策机理的透彻研究。

（2）有利于推动创业团队建设，改善创业团队行为。创业决策与创业团队组建是同步的，两者相互作用、相互影响。理清创业团队风险决策机理、提出创业团队风险决策的科学模式既有利于创业决策的科学化，也有利于创业团队的组建和发展。

（3）有利于改善创业团队的科学管理，促进创业绩效的持续改进。创业团队风险决策的研究能促进创业者全面认识创业团队风险决策机理，改善创业决策质量；为创业团队提供更系统有效的风险决策模式，改善创业决策的实现效果，促进创业绩效的持续改善和创业实践的可持续发展。

1.2　国内外研究现状

关于创业团队风险决策机理，其涉及创业团队及创业决策、群体决策、风险决策、决策过程及模式等多种理论，这些理论近几年来都得到了长足的发展。

1.2.1　创业团队及创业决策

作为新时代人类的一项重要实践活动，创业已经成为推动经济发展、社会进步的重要因素。创业也因此成为当今世界研究的重点。基于创业是一项高风险性事业，越来越多的创业呈现出以团队创业实施为主的趋势（Harper，2008；Desheng Wu，等，2010），而且团队创业的绩效要优于个体创业。为此，研究创业团队具有极其重要的意义，吸引了众多学者在此问题上展开研究。

1.2.1.1 创业团队

虽然创业团队是当今创业的主要实施者，但是当前关于创业团队的概念尚未形成统一的见解（杨俊辉，等，2009）。Kamm 等人（1990）首先提出了创业团队的概念，认为创业团队是指两个或两个以上的个体参与企业创立的过程并投入相同比例的资金。其后，该概念得到了延展：Gartner 等人（1994）认为创业团队中“包含了对战略选择有直接影响的个人”；Cooper 和 Dailey（1997）认为创业团队区别于一般群体的基本特征是要求每个成员必须有一定的可以共同分享的投入或承诺；Mitsuko（2000）提出创业团队是参与且全身心投入公司创立过程，并共同克服创业困难和分享创业乐趣的全体成员；Chandler 和 Lyon（2001）认为创业团队指的是在公司成立之初执掌公司的人或是在公司营运的前两年加盟公司的成员，但不包括没有公司股权的一般雇员；Schjoedt 和 Krus（2009）则表示在创业初期履行职责、执行任务的成员都可被认为是创业团队的成员。后来，张振华（2009）给出了一个更全面性的解释，提出创业团队是由参与公司创建、制定发展战略和从事企业管理的两个或以上成员组成的团体。他们之间技能互补，为了实现共同的创业目标彼此担负相应的责任，并为达成高品质的结果而共同努力。他们一般占有公司股份或享有某种程度的企业所有权。

现有的文献除了集中在创业团队的界定，还对创业团队组建、结构、行为和绩效及其影响因素等进行了研究。关于创业团队组建，Francis 和 Sandberg（2000）、Teal 和 Hofer（2003）认为：创业初期创业团队的形成和组建，是以情感纽带为主、认知资源互补为辅的，且情感纽带为必要条件；Kamm 等人（1990）、Francis 和 Sandberg（2000）以及 Chandler 和 Lyon（2001）认为：在创业团队组建中后期，存在团队成员补充问题，这时是以情感纽带为辅、认知资源互补为主，认知资源互补是必要条件。即：在创业团队组建过程中，寻求资源和能力的互补也是团队组建的重要依据。Clarysse 和 Moray（2004）分析了创业团队的形成与创业活动周期之间对应的关系，认为创业团队的建立是一个动态的过程。Vyakarnam 和 Handelberg（2005）等研究发现：创业团队的发展大致要经历自发形成、寻求增长、愿景形成和制度化四个阶段。

关于创业团队结构，多数研究集中在创业团队的组成、完整性、异质性（David，2008）及其影响上。Kamm 等人（1990）认为影响创业团队成功的要素是技术与能力；Murray（1989）提出：在稳定的环境中，创业团队构成的异质性会降低新创企业的绩效。Roure 和 Maidique（1986）认为新创企业绩效的增长与创业者所管理的团队的完整程度呈正相关。Kamm 和 Nurick（1993）提出成员之间的年龄差距对保留团队人员产生负作用，而年龄相近的团队更易产生人际吸引，可以更好地保留团队成员。Cooper 和 Daily（1997）指出：如果创业团队成员能够在技能、知识和能力方面实现互补，那么创业团队就能实现较高的效率。Sanjib Chowdhury（2005）研究了年龄、性别、经历等方面的人口统计差异以及团队认知水平、团队承诺等团队形成变量对创业团队绩效的影响。Zolin 等人（2010）研究了创业团队的强关系对新创企业人力资源弹性的影响，结果表明：强关系对角色修正的影响仅限于创业新手。

关于创业团队行为，多数研究集中在创业团队的合作行为、学习行为和决策行为。Clarysse 和 Moray（2004）提出创业团队在创业活动周期的不同阶段具有不同的团队任务与不同的团队成员角色；Eisenhardt 和 Bourgeois（1988）认为创业团队内部为获取权力而进行的政治斗争会降低团队的有效性，进而降低企业的绩效；Waston、Ponthieu 和 Critelli（1995）对创业团队进行的实证表明人际关系对创业绩效具有显著的影响；调查研究发现创业团队互动过程包括领导力、人际灵活性、团队承诺和互助性四个核心变量。Lechler（2001）指出创业团队的互动过程包含团队沟通、团队内聚力、工作规范、互相支持、团队协调和成员贡献的平衡六个维度。Higashide 和 Birley（2002）研究了导致风险投资者与创业团队冲突的因素及对创业投资绩效的影响。结果表明：在组织目标与政策决策两方面的认知性和有效性冲突与创业投资绩效相关，且观念性冲突对创业投资绩效是有益的，但同时人际冲突对创业团队绩效是有害的。

关于创业团队绩效，Boyd 和 Gumpert（1983）认为：团队创业的形式可降低由于创业环境的不确定性所带来的创业压力，团队成员间也会更加信任和相互支持，这些都促进了创业绩效的提高。Robinson（1995）认为公司战略和行业结构对处于竞争中的创业企业绩效有着重要影响。Cooper 和 Daily（1997）

认为，以团队的形式创业，使得创业企业对某个个人的依赖降低，可减弱因该人的缺陷或离开对企业所造成的负面影响。

1.2.1.2 创业决策

创业决策是创业团队的主要行为之一，对创业及其绩效具有重要影响。但是，关于创业决策的研究，当前较多的是研究创业者的个体决策，而不是创业团队的群体决策。关于创业者的个体决策，相关研究多数从如下两个视角展开：特质理论和行为理论。特质理论认为创业者拥有可以识别的、独特的个性特质，这是早期创业决策的主要研究方向。相关研究有：Brockhaus 和 Nord（1979）通过研究表明个体的生活经历、亲朋的创业情况、受教育情况、人口统计等因素会影响其创业决策。后来这种研究越来越遭到质疑，Bird（1988）认为关于创业者研究的重点应该是行为研究，而不是静态的特质研究。行为理论认为机会感知、风险感知、风险偏好等心理因素在影响着创业者的行为（Dash，等），这是当前创业研究的主要方向。相关研究成果有：Brockhaus（1982）认为个体的成就需求、内控性等心理因素影响其创业决策；Boyd 和 Vozikis（1994）通过研究认为自我效能感影响创业者的知觉、态度和意向，从而影响其创业决策；Simon 和 Houghton（2002）研究了在创业风险投资决策中，认知偏差对其创业决策的影响；Forlani 和 Mullins（2000）认为创业者的风险倾向对其决策有直接的影响，而不是通过风险知觉来影响其创业决策的；而 Sitkin 和 Pablo（1992）则认为创业者的风险倾向是通过影响风险知觉来影响其创业决策的。

关于创业决策过程、模式、模型也有部分研究。例如：Pech 和 Cameron（2006）从创业机会识别和信息加工的角度提出了一个创业决策过程模型，并详细介绍了这个决策过程模型中各个因素的影响作用；同时指出，信息及人的特性在整个决策过程中至关重要，影响决策过程中的各个环节。杨静文（2005）把创业决策过程分为五个阶段：从对某项创业活动有初次的认识，到对这一创业活动形成一种态度，到决定采纳还是拒绝，再到实施这个新想法，最后确认这一决策，并构成创业决策过程中的各阶段模式。周劲波（2005）在研究多层次创业团队决策模式及其决策绩效机制时，对创业团队的决策过程及模式进行了深入研究。唐靖、张帏、高建（2007）指出不同环境的特征对创业机会认知方式和创业决策方式的选择有重要影响，并提出创业者在三种不同创业环境下的创业机会认知和创业决策模型，认为当环境及创业者自身能力发生变化时创业者的决策行为也应进行相应的调整。马昆妹、胡培（2008）以风险感知为主线，讨论了认知偏差、风险倾向、创业自我效能等因素在创业决策中的作用，提出了基于认知理论的创业决策模型。另外，Mitchell 和 Shepherd（2010）研究了自我形象的脆弱性和能力性对机会认知的影响，结果表明：自我形象的上述两个特性会影响机会感知。DeTienne（2010）通过实证研究了创业退出对创业者、企业、行业和经济的重要性，并提出创业团队是创业过程中不可或缺的一部分，还探索了创业每个阶段的退出策略、退出原因及退出选择。除此之外，Moray 和 Clarysse（2005）研究了技术转移过程对科技型创业企业资源禀赋的影响，并提及了在创业决策中的金融资源、技术资源和人类资源的安全问题。

1.2.2 群体决策理论的相关研究

人是社会人，生活于社会之中，其存在已经不再是一个独立的个体，并以群落为生活的基础。因此，其决策常常不是个体的独立决策，而是依赖于群体而又独立于群体的群体决策。为此，群体决策是现实生活中的主要决策模式，吸引着众多学者的研究。对于群体决策的研究，大致可划分为三个发展阶段，即一般群体决策理论、动态群体决策理论和适应性群体决策理论。

1.2.2.1 一般群体决策理论

一般群体决策理论主要围绕群体决策公理体系及个体偏好的集结等内容展开。其中，群体决策公理体系的研究焦点是群体决策的基本假设、个体偏好集结为群体偏好的条件及存在性、群体决策的基本框架及理论基础。对群体决策的研究，最早可以追溯到 J. C. Borda（1781）提出的群体对一组方案进行排序的 Borda 规则。M. de Condorcet（1785）创立了陪审团定理，其后众多学者对群体决策问题展开了研究。其中，J. Von Nuemann 和 Mogrnestem（1944）利用微分方程组提出了对策论，用以研究群体选举问题；Black D.（1948）首次明确界定了群体决策这个概念；一般群体决策理论研究的代表人物 Arrow（1951）提出了不可能性定理，认为不存在任何一种社会选择方法能同时满足广泛性、一致性、独立性和非独裁性四个条件；其后，P. C. Fishburn（1989）对 Arrow 定理进行了深入研究，指出 Arrow 公理体系中存在诸如缺乏偏好强度表达、个体之间偏好比较及独立性条件下不具有普遍性等问题。

关于群体决策公理体系研究，Dyer 和 Surlin（1979）认为忽略了对决策个体偏爱强度的考虑是 Arrow 不可能性定理成立的原因之一。基于此，他们先后建立了序数意义下的群体效用公理，引进了偏爱强度的概念。胡毓达（1998）引进了决策个体和决策群体的偏差度概念，建立了群体决策偏差度公理体系，创立了群体决策偏差度分析的基本理论，并提出了基于供选方案间偏差度的群体偏爱排序方法；Banerjee（1994）认为个体或群体的偏好结构可能是模糊的，于是他们建立了模糊偏好公理体系；Plott（1976）系统地总结和评价了人们在群体决策公理体系方面的研究工作；Ramanathan 和 Ganesh 等人（1994）从一系列群体决策公理中提炼出了最一般的公理组。胡毓达提出了模糊群体决策公理体系（2000）和随机偏好群体决策公理体系（2002）；郭耀煌和刘家诚（2001）构建了格序关系的公理体系。群体理性也是群体决策公理体系研究的主要内容：1951 年，Arrow 认为一个理性的群体能够建立备选方案的偏好序关系，且偏好序关系应该满足两个公理和五个合理性条件；苏波和王烷尘（1995）提出追求一致性极大化才是群体理性。

关于个体偏好集结方法的研究，J. Von Neumann 和 Morgenstern O.（1944）首先建立了决策的效用理论，将决策者的偏好结构用个体效用函数的形式表达，将各个决策者个体的效用映射出群体效用，这是群体效用理论的起点。Harsanyi（1977）认为由于参与群体决策过程的决策个体之间普遍存在偏好结构上的差异，因此构建群体效用函数比较困难。于是，一些新的个体偏好集结方法相继出现。Nurmi（1981）提出了在模糊偏好关系基础上确定最优方案和从模糊个体偏好关系获得非模糊群体偏好关系的方法；魏存平等人（2001）研究了模糊集结方法；林宏杰（2007）将 OWA 算子和模糊集合理论应用到群决策偏好集结领域，给出了相应的集结群决策信息的模型和实施步骤。Bodily（1979）提出了通过个体效用的加权求和而得到群体效用的委托求解方法。杨蕾、席酉民（1988）研究了概率集结方法。胡毓达（1999）通过在帕累托有效解集上引入偏好关系，定义了群体多目标决策问题的联合有效解，并提出了有效解存在的 Kuhn－Tucker 条件。姜艳萍、樊治平（2003）在研究具有语言判断矩阵形式的偏好信息的群决策时，首先描述了语言判断矩阵形式的偏好信息及其语言判断矩阵转化为二元语义符号的方法，然后基于TOWA算子给出了集结各决策者偏好信息和方案优选的方法。李炳军、刘思峰（2004）借助于集值统计原理，构造了与区间数判断矩阵群信息等价的、具有一定可靠度的确定数判断矩阵，建立了计算这类群信息集结值可靠度的模型，运用和积法对所得新判断矩阵进行处理，得到了一种简便的方案排序方法。

1.2.2.2 动态群体决策理论

关于动态群体决策，当前的研究主要集中在交互式群体决策方法领域。而该领域的研究又集中体现在群体交互行为和心理特征、交互式决策程序及群体交互过程中的偏好集结方法等。其中，关于群体交互过程的研究，1990 年 Forsyth 认为心理学家 Kurt Lewin 开创的群体动力学就专门研究各种群体的性质和特点，研究群体的决策过程及群体的发展。Faure 等人（1990）认为群体交互过程的研究一直是行为决策理论关于群体决策研究的主要方向。杨雷（1997）用 Bayesian 决策理论建立了一个模型描述个体风险态度经过群体讨论后将如何变化，见识了群体极端性转移效应。王仁超等人（2000）首先基于群体决策过程分析论述了群成员期望水平和保留水平与群体相互作用的关系，然后提出了一种根据群体成员对群体决策局势的估计，间接推断群体成员的可期望水平和可期望保留水平的方法。Bendoly 和 Bachrach（2003）研究了多周期的群体决策问题，讨论了多次群体决策之间的影响，并应用于群体决策支持系统之中。

关于交互式群体多目标决策，也是动态群体决策研究的重点。郑文婷等人（2008）针对多阶段群体满意决策问题，应用图论知识提出了一种求解多阶段群体满意策略问题的最优算法。彭怡、胡杨（2006）建立了多阶段群体决策模型，定义了群体帕累托最优策略、群体满意策略等概念，提出了多阶段群体决策问题的逆向递推算法。彭怡、胡杨（2007）为了求解多阶段群体决策问题，先建立了多阶段群体决策模型，又定义了帕累托最优策略及绝对最优策略等概念，还提出了求解帕累托最优策略的群体动态规划算法。秦志林（2000）通过构造偏爱强度法，压缩 Tchebycheff 范数法，递缩约束集法和T－V可行方向法四个交互规划算法，探讨了交互式群体多目标决策。华中生和梁梁（1994）采用模糊方法讨论了专家群体不一致的判定方法，并给出了如何确定需要调整的偏好的具体方法。王丹力和戴汝为（2002）研究了如何采用群体一致性算法，使专家群体的思维逐渐趋于收敛，最终达成群体一致意见。Yen

和Bui（1999）则设计了一种一致性搜索算法用于动态获取群体协调解。Soung等人（1999）提出利用区域式的交互优化方法来进行群体集结，并设计了理论模型；Takehiro（2003）讨论了投票系统中通过成员交互和代理机制来解决成员聚类和信息交换的方法；Herrera和Martinez（2000）给出了一种通用的两阶段群决策处理方式；徐泽水（2004）则在此基础上给出了一种基于LOWG算子的群决策方法，用来解决不确定多语言偏好关系群决策问题；徐泽水（2005）首先将每个残缺互补判断矩阵拓展，集成群体互补判断矩阵，然后基于群体互补判断矩阵与个体拓展互补判断矩阵之间的偏离阈值同决策者进行交互，最后给出一种基于残缺互补判断矩阵的交互式群决策方法。程启月等人（2002）在模糊集上研究了不确定性动态冲突决策的模糊熵模型，建立了不确定性动态决策的极小熵包络模型，得到了用模糊距离测量冲突决策优劣的满意结果。安利平等人（2005）通过对多属性群决策问题的描述，又提出从客观上将不同决策者的不一致决策对象进行合并分析，得到更加直观明确的规则，对规则集进行构成分析，从而解释决策者之间的冲突所在。

为了解决群体决策问题，学者们设计了一些交互式群体决策方法，如德尔菲法、名义群体法、头脑风暴法、Fish Bowling法、Synectics法和一致性意见法。Moody（1983）认为处于合作氛围的群体最好采用一致性意见法，处于竞争氛围的群体则应采用多数规则法。张道武等人（2004）阐述了基于德尔菲进化策略的合作联盟群决策机制，提出了一种基于进化博弈思想的改进德尔菲法。谈判协商理论应该是交互式群体决策研究不可缺少的内容，它研究具有对策性行为的群体决策问题。Nash协商模型是较早的经典研究成果，是谈判协商理论的基石。但在现代群体决策研究中，这方面研究文献反而不多。Raiffa（1982）对谈判协商理论做了详尽的介绍。谈判协商过程是让步和妥协的过程，最终形成各方认可的折中方案。其研究主要从两个方向进行：一是协商的公理化模型，即通过对谈判者的行为提出假设而消除协商后果的不确定性；二是协商的策略模型，即将谈判问题看作一个具有多个回合的讨价还价过程，以寻求各种局势下的完全平衡策略。在此基础上，秦志林给出了群体选择函数的强稳定性概念及其充分必要条件，讨论了选择函数强稳定性与群体决策规则的Gibbard－Satterthwaite防操纵性及非独裁性之间的关系（秦志林，胡毓达，2001）。Ehtamo等人（2001）构造了一种连续决策情形下的多方谈判协商方法用于得到帕累托最优解。

1.2.2.3 适应性群体决策理论

关于适应性群体决策理论，当前的研究主要围绕群体反馈与学习、群体决策适应性转换等角度展开。其中，关于群体反馈和个体反馈及其机理的相关研究较多。Laughlin 和 Shippy（1983）提出群体在规则学习中只需较少的信息就可以达到相当高的学习水平，而且群体能够比个体更好地利用反馈信息。Kerr（1983）认为对群体其他成员的行为进行反馈会影响群体过程和结果。其中，在群体合作任务中，对伙伴的绩效进行反馈会因伙伴的努力程度高低而增加或降低决策者的动机水平。Dawes 等人（1988）经研究发现，群体讨论会导致群体在社会两难任务中更高的合作性。Kanfer 和 Ackerman（1989）研究之后认为：在动态决策中，群体的决策行为会改变决策情景，从而为决策情景添加新的信息，这种反馈是许多个体绩效的信息加工模型的重要成分。Tindale（1989）认为：在完全反馈条件下，群体决策效果更好；在局部反馈条件下，个体决策效果更好。Harmon 和 Rohrbaugh（1990）经研究发现，对小组成员决策认知过程的反馈会比仅反馈决策结果更有利于消除成员间的歧异，会导致更多的学习和满意感，但不能提高决策精度。Tindale 和 Scott（1991）通过评价反馈和信息对群体绩效的贡献，阐述了反馈和信息对群体绩效的重要性。Robinson 和 Weldon（1993）识别了群体内的反馈搜寻动机，阐述了每种动机对反馈搜寻的影响水平、从群体内外其他成员搜寻反馈的决策、搜寻公开信息和隐私信息的决策，讨论了实现群体有效性的反馈搜寻方法。Barr 和 Conlon（1994）利用一个新的行为试验方法检验了群体内的群体反馈、个体反馈和反馈分布，证实反馈分布是非常关键的。Hinsz 等人（1997）认为由于群体内既存在结果反馈，也存在内部反馈，所以群体反馈比个体反馈更为复杂。Archer 等人（1999）认为：个人反馈比集体反馈更能激发被试的赞扬、鼓励、分享、帮助等合作行为和成就动机，从而能取得比集体反馈更好的绩效；信息反馈方式以及决策者对反馈信息的知觉就成为决策行为变化的重要原因。

群体学习也是适应性群体决策的重要内容。1989 年，Tindale 认为在群体中工作并不必然导致群体成员的学习。但 Argote 于 1995 年研究发现，学习曲线并不受个别成员离开的影响，所以群体学习效应独立于个体成员，而且这种效应与任务复杂性存在交互作用。Hertz 和 Miller（1992）认为群体互动能够促进知识、技能和社会能力等方面的提高。陆兴海（1996）通过对群体决策的过程模型与群体相容性的结构研究，分析了群体决策任务环境、决策者信息加工特征和知识结构与转换特征、群体成员相容性等因素在群体决策中的作用；揭示了群体决策对个体决策知识结构转换的影响，以及在群体决策过程中的认知与态度的转换；阐述了决策成员的群体合作、信息分享、协调沟通及群体相容性对群体决策效果的影响，为计算机群体决策模拟实际的决策环境。梁立（1997）探索了决策知识的加工与转换，启发式的阶段性作用及风险框架效应的动态变化规律，为动态应急条件下的决策支持系统的构建提供理论和实际依据。何贵兵、曾建华（2003）认为：由于在决策者的显性规则知识量极少且没有增加的情况下，决策绩效随决策进程适应性提高，决策者所能报告的规则知识量与决策绩效的相关性也不显著；同时，当决策任务目标转换时，决策的高绩效得以维持，所以，群体决策者能对动态系统规则进行内隐学习。何贵兵（2004）探讨了多人动态对策情景中信息反馈方式和群体认同度对合作行为变化的影响，提出了建立在反馈信息基础上的决策学习使合作行为的动态变化具有策略性和适应性。

1.2.3 风险决策理论相关研究

风险决策存在于人类经济生活的每个方面，风险决策一直是管理学、经济学、心理学等众多学科研究的焦点（谢晓菲，郑蕊，2003）。风险决策理论是人们决策过程的理论概括，是人类理性发展的结果，它的发展过程反映了人们的认识发展历程。关于人类理性，哲学家认为理性是人类的认识能力；心理学家认为理性是指认知、推理或问题的解决过程，以区别于非理性；社会学家用理性来表示组织目标的自觉适应性；经济学家用理性表示靠抉择过程挑选出来的行动方案的属性（王越子，2007）。人类理性包括完全理性、有限理性和生态理性，这也是风险决策理论的三个发展历程。所以，风险决策理论研究大致经历了完全理性风险决策、有限理性风险决策和生态理性风险决策三个发展阶段。

1.2.3.1 完全理性风险决策理论

完全理性风险决策理论以“理性人”为基础，是完全理性人在完全信息条件下的决策规律。该理论认为人脑仿佛一个超自然的神灵，拥有“上帝”

般的推理能力、无限的知识和心理能量（哥德，等，2002）；认为现实生活中存在最优决策，且人们有能力理性地做出最优决策。完全理性风险决策理论以1954年Bernoulli提出的基数效用论和1947年Neumann、Morgenstern提出的期望效用论为代表。Bernoulli指出：人类的决策并不依赖于其获益本身，而依赖于其对获益的心理满足或愉悦程度；在承担风险的情形下决策时，人类一般宁愿选择低风险、低收益型决策，而不愿选择高风险、高收益型决策。所以，基数效用论认为决策者应在决策中寻求效用最大化。Neumann等人认为：人类风险决策行为的最终目标是追求效用的最大化；并且可以通过对个体决策结果的总结预测其未来选择。所以，期望效用理论认为决策结果及决策者对风险的态度是影响风险决策的两大因素。后来该理论发展成为主观期望效用理论，认为人类是以对结果的主观概率和效用值判断为依据做出决策的。Tversky和Kahneman（1986）基于前人关于期望效用理论的研究，提出了期望效用理论的四个原理：抵消性、传递性、主导性和不变性。显然，基数效用论和预期效用论都是以理性人假设为前提的；都认为个体的风险决策是完全理性的，并且完全由认知因素所决定。随着相关研究的深入，这些理论逐渐被学者推翻，取而代之的是以“有限理性”为基础的有限理性风险决策理论。

1.2.3.2　有限理性风险决策理论

有限理性风险决策理论是行为决策研究的主要代表。它以决策者的“有限理性”为基础，围绕真实人的风险决策过程展开探讨和研究。Simon是该理论的奠基者。他最早于1955年提出了“有限理性”的概念及理念，取代了以完全理性“经济人”为基本假设的传统理论。后来，众多学者基于“有限理性”理念，发展了风险决策理论。其中，最具代表性的成果有：Atkinson（1957）最早提出了成就动机理论。该理论认为：个体的成就动机由希望成功和害怕失败两种稳定的倾向组成；两者共同左右着个体的决策。Loomes、Sugden和Bell（1982）首先提出了后悔理论。该理论认为：如果决策者意识到自己的选择结果可能不如另一选择结果时，会产生后悔情绪；反之，会产生愉悦情绪；并且这些情绪会改进效用函数，从而影响决策。其后，Bell（1985）及Loomes和Sugden（1986）又提出了失望理论。该理论认为：当自己的决策结果在众多决策中较差时会产生失望的情绪，这种情绪会改变效用函数，从而影响决策。Kahneman和Tversky（1979）提出了前景理论。该理论认为：决策者对决策结果所带来的绝对财富值并不敏感，而是对其相对于参照点的变化敏感；风险决策过程既取决于决策者对风险情景的外部表征及在此基础之上形成的内部表征，也取决于决策者的个体因素。随后，他们又提出了累积前景理论。该理论更准确地反映了决策者面临损失时偏好风险、高估小概率事件，面临收益时厌恶风险、低估发生概率较大事件的心理特征。Mellers 等人（1997）又提出了主观预期愉悦理论。该理论认为：个体对决策结果的预期情绪受结果本身、结果比较和对结果出现的信心等因素的影响，这种预期情绪才是影响决策的关键因素。龚向虎（2010）研究了社会经济系统中有限理性主体的决策问题，提出在社会经济系统中的有限理性主体可以采取看似非理性的规则支配决策，从而获取与理性计算决策十分接近的决策效果。

1.2.3.3　生态理性风险决策理论

受进化思想的影响，新近的研究表明：一些看似“不理性”或“非完全理性”的决策行为实质上符合人类进化和适应性决策的需要。于是，Godstein 和 Gigerenzer（2002）顺势提出了“生态理性”的观点。该观点认为：人类的决策并非封闭的纯理性行为，而是把有限的认知资源用于探索不确定的环境结构，并使人的认知能力和环境结构两者达到和谐一致、保证人类行为的适应性的过程。这就将有限理性决策推进到了生态理性决策。先前 Tversky 和 Kahneman提出的启发式理论、W. Pagne 提出的权变模式理论都是“生态理性”决策理论的先驱。生态理性从生物进化的角度强调了个体适应环境的重要性，认为认识的合理性不在于认识形式本身，而在于具体的认知结构是否与具体情境中的信息结构相吻合（李爱梅，等，2009）。所以，基于生态理性的风险决策有新的内涵。庄锦英（2004）提出决策就是充分利用环境中的信息结构以得出具有适应价值的有用结果的过程。其中，环境信息结构以情绪来反映和表达，以致情绪整合环境结构信息自动影响决策过程，并描述了在生态理性视角下影响决策的因素及其流程图。Fredrickson（2005）通过实验验证了环境结构对情绪的影响及情绪对决策的影响，并提出相对于中性情绪：正性情绪能够使人的注意范围和思维互动序列扩展；负性情绪则会导致思维互动序列缩小。Brandstatter 等人（2006）提出的辨优启发式理论是“生态理性”理念在风险决策研究领域的具体实践。该理论既考虑了过程的启发，也考虑了结果的启发，实现了过程和结果的双重启发，因此具有“直接快速通达”的特点。张漪（2008）研究了行为人在随机决策中经历的学习规则和行为人的认知进化方式，并通过用学习模型来拟合实验数据，检验了检索网络文献的行为。

1.2.4 决策过程及模式相关研究

决策过程是影响决策绩效、决策质量的重要变量。当前，不同学者对于决策过程有不同的理解。关于个体决策，Brunswick（1943）提出了个体决策透镜理论。Brehmer 和 Hagafors（1986）基于 Brunswick 的个体决策透镜理论，提出了团队决策透镜模型。该理论认为：作为具有分布式专长的层次团队，其每个成员都根据分布式的信息做出判断，而后由领导基于各成员的判断做出团队的最后决策。因此，该理论是以多层次的信息整合为决策依据的。然而，在信息整合乃至决策聚焦过程中缺乏成员之间的沟通和互动，从而使决策过程缺乏动态性、自适应性和动态反馈性。Hollenbeck 等人（1995）在团队透镜模型的基础之上提出了层次团队决策的多水平理论。该理论认为：多层次团队的决策绩效取决于决策水平、个体水平、领导成员交互水平和团队水平四个水平变量，这些变量透过团队信度、成员效度和层次敏感性影响着团队决策的绩效。薛庆国（2001）在总结前人研究的基础之上，提出当前理论界把个体的风险决策过程划分为察觉问题和机遇、确定决策目标、分析备选方案及可能的结果、选择备选方案、实施方案和反馈六个阶段。决策的六阶段模型把决策过程分为问题的组织、评价后果、评价不确定性、评价备选方案、敏感性分析和信息收集六个阶段。Loewenstein 等人（2001）提出了决策的风险即情绪模型。该理论认为：在风险决策过程中，存在两种情绪（受认知影响的预期情绪；不受认知影响的即时情绪），两者共同影响着个体的决策行为和认知行为。Kahneman、Tversky（1979）指出的前景理论认为决策过程包括两个阶段，即编辑阶段和评价阶段。编辑阶段是对决策问题进行预处理和解析的过程；评价阶段是对决策方案的评价与选择过程。Simon（1960）认为决策过程由发现决策机会的情报活动、找出可能行动方案的设计活动和从方案中选择的抉择活动三个阶段组成，并且这三个活动之间不仅具有逻辑的先后关系，而且还有往复的循环关系。Mintzberg 等人（1976）提出了重大决策包括确认、展开和选择三个阶段的决策模型，并将该模型进一步细分为识别、诊断、搜寻、设计、甄别、评选、批准七个主历程和决策控制、沟通及政治三个辅历程。龚向虎

(2010) 提出有限理性下主体有两种决策模式：一种是规则支配决策模式；另一种是理性计算决策模式。前者是指当有限理性主体面临某一待处理决策环境事件时，可以采取的几乎无须细致思考的，而仅依据待处理环境事件的部分信息，依靠某些既定规则采取相应处理措施的决策行为方式；后者是指当主体面对待处理决策环境事件时，通过选择搜集事件的具体详细资料，深入考察事件特征等耗用大量有限资源的方式进行理性计算，以获取该环境事件应对策略的决策方式。

1.2.5 国内外相关研究总结评述

创业团队风险决策是典型的群体决策、风险决策和创业决策问题，所以，群体决策、风险决策、创业决策是创业团队风险决策的理论基础。当前，群体决策理论、风险决策理论和创业团队及创业决策理论的发展及其现状呈现出如下三个特点。

(1) 创业团队及创业决策得到持续发展。随着团队创业成为创业的主流，关于创业决策的研究已经从个体层面转变为团队层面；创业决策理论也由“特质论”转向“行为论”；创业决策的内容也被扩充，逐渐涵括了创业合作、团队建设等议题。创业团队及创业决策的同步发展使创业团队风险决策理论的研究主体和客体都得到了发展，呈现出以“创业团队”为主体、“行为决策”为客体的新创业决策研究格局。

(2) 群体决策作为创业团队风险决策的重要依据，已得到长足发展。关于群体决策的研究，经历了一般群体决策理论、动态群体决策理论和适应性群体决策理论三个阶段。当前，适应性群体决策是群体决策的研究焦点。但是，其研究尚处于起步阶段，关于适应性群体决策的机理、方式、途径、机制等尚有研究空白。

(3) 风险决策作为创业团队风险决策的重要依据，其研究也得到了深入。关于风险决策的研究，经历了完全理性决策理论、有限理性决策理论和生态理性决策理论三个发展阶段。当前，生态理性决策是风险决策的研究焦点。但是，其研究也未得到有效深入，关于生态理性决策的内涵、特征、机理尚待深入。

于是，关于创业团队风险决策的理论基础如图 1 - 1 所示。在创业团队风险决策中，创业团队是其决策主体，创业决策是其决策客体，两者构成了创业团队风险决策理论的架构基础。其中，创业决策属于风险决策的范畴，满足风险决策理论的一般规律，并受到风险决策机理的影响；创业团队属于群体的范畴，满足群体行为的一般规律，并受到群体的影响。所以，创业团队理论、创业决策理论、风险决策理论和群体决策理论是创业团队风险决策机理研究的理论基础。

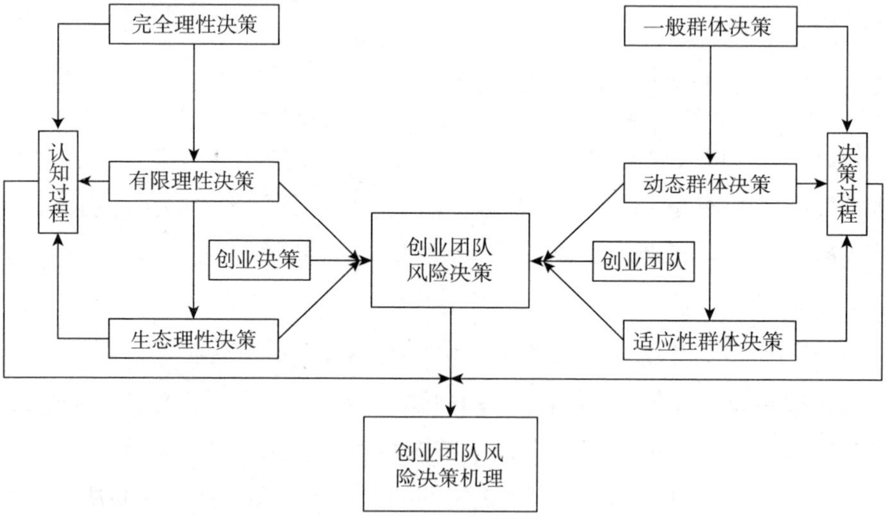

图1-1　创业团队风险决策理论示意

1.3　研究内容与研究方法

1.3.1　研究内容

本书试图从多角度、多学科领域的综合分析，解析创业团队风险决策的内涵、特征，挖掘创业团队风险决策的权责利配置、多目标权衡和自学习进化等多方面机理，以充实创业团队风险决策的基本理论。具体而言，主要研究内容包括以下四个部分。

（1）绪论。重点介绍研究背景、明确研究问题、阐释研究意义、概括研究现状、厘清研究思路。

（2）理论篇，包括第 2 ~5 章。其中，第 2 章是全文的理论基础部分，重点在于从创业团队风险决策的界定、过程、心理机理和适应性行为等方面挖掘创业团队风险决策的基本理论；第 3 ~5 章分别从权责利配置、多目标权衡和自学习进化三个方面细挖创业团队风险决策的机理。关于创业团队风险决策的权责利配置机理，重点在于探讨创业团队风险决策过程中的决策权分布、风险配置和利益配置问题；关于创业团队风险决策的多目标权衡机理，重点在于探讨创业团队风险决策过程中的多参照点权衡、投入产出目标权衡和短中长期目标权衡问题；关于创业团队风险决策的自学习进化机理，重点在于探讨创业团队风险决策过程中的学习过程、学习行为及进化决策模式。

（3）实证篇，即第 6 章。本章重点在于基于问卷法获取的调研数据证实创业团队风险决策过程中的一些基本规律，夯实创业团队风险决策的有关机理。

（4）第 7 章。本章主要对全书进行归纳，并阐释本研究的不足及提出未来研究的展望。

1.3.2　研究方法

本书将基于管理学、社会学、经济学、生态学、组织行为学的理念，融合创业管理、风险决策和群体决策等理论，充分应用比较分析法、归纳法、演绎法、数学建模、理论模型、实证研究、案例研究、访谈、问卷调查、统计分析等研究方法，注重理论与实践并重、规范研究与实证研究结合、定性研究与定量研究相交叉。研究的技术路线如图 1 -2 所示。

（1）文献分析法。系统地分析、整理国内外众多学者的研究成果，进行综合分析，找到研究中的空白点及理论的结合点，提出新的研究视角和研究思路，作为本研究的理论基础。

（2）归纳演绎法。本研究以创业团队理论和创业决策理论为基础，运用归纳和演绎的分析方法，探析创业团队风险决策的内涵、过程及行为规律，并对其权责利配置机理、多目标权衡机理和群体学习机理进行探析。

（3）系统分析法。针对创业团队风险决策过程中的群体学习受到诸多因素影响，将系统动力学与进化博弈论相结合，试图通过系统方法阐述创业团队风险决策过程中的群体学习及群体学习条件下的团队决策。

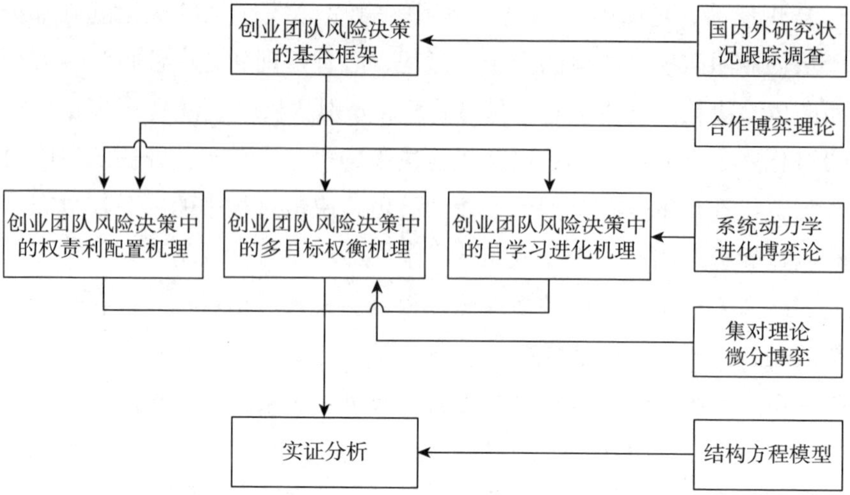

图1-2 技术路线

（4）统计分析法。在对调查问卷数据整理、分类的基础上，通过结构方程模型对创业团队风险决策过程中的一些具体规律、特征进行研究，进一步证实创业团队决策的权责利配置机理、多目标权衡机理和自学习进化机理的现实性、科学性。

第 2 章　创业团队风险决策的基本框架

2.1　创业团队的界定

2.1.1　创业团队的定义

创业作为新时代的一个重要主题，已经成为领衔经济社会发展的重要因素，并得到了学界、政府的高度关注。在新时代，经济形势日益复杂，以个人“英雄主义”为主要特征的个体创业已经不适应于现实，逐渐被团队创业所取代。然而关于创业的研究仍多停留在个体的创业上，仅少许学者致力于创业团队的相关研究。而且，他们的研究较为分散：有些学者研究创业团队的形成（Francis，Sandberg，2002；Hmieleski，Ensley，2007）；有些学者研究创业团队的认知；有些学者研究创业团队的人际互动（Ensley，等，2007；Lechler，2001）。多视角的研究致使关于创业团队的界定至今尚无统一论断。

关于创业团队的概念，Kamm 等人（1990）认为：创业团队由两个或两个以上的个体组成，其个体投入相同比例的资金以参与企业的创立。这个定义实质上是从所有权视角探讨了创业团队的创建问题。该概念后来被 Gartner 等学者（1994）进行了拓展，认为创业团队中还必须包含对战略选择有直接影响的人。但是，他们关于创业团队的界定都过分强调创业过程中“个体等比例投入资金”，不适宜于社会现实及时代的发展。1998 年，郭洮村提出创业团队由两个或两个以上个人组成，其成员参与企业创立的过程并投入资金。资金是创业的重要资源，但不是唯一的资源。随着知识经济的来临，信息、技术、网络成为重要的创业资源。所以，创业团队的概念被另一些学者给予了新的解读。其中，Vyakamam 等人（1997）超脱“资金作为唯一重要资源”的理念，认为在企业的启动阶段，两个或更多的人共同努力同时投入个人资源以达到目标，并对企业的创立和管理负责。这一界定将创业资源理念扩充了，而且使创业团队的理解更加贴近实际。这些关于创业团队的界定实质上都是基于创业资源，所以，可以认定这些学者是从创业资源视角来界定创业团队的。

另一些学者则从责任论来界定创业团队。例如：Cohen 和 Bailey（1997）把创业团队定义成一个群体，群体中的每一个成员共同承担相关的任务和这些任务的结果，并且成员之间相互认同处于一个社会集体单位之中；Handelberg 等人（2001）强调创业团队内成员为他们共建的事业担负创建及管理的责任。

不可否认，资源、责任对于创业很重要。但是，随着社会的发展，上述关于创业团队的界定已不能适应现实需要，主要表现在：①原有界定没有反映创业模式的发展。在新的时代背景下，金融市场、物资市场、人才市场、技术市场等都已经非常完善，并支持了委托创业、代理创业等新创业模式的出现，这些创业模式应涵括于创业团队内涵之中。②原有界定没有反映“创业”的社会价值。创业是一个积极主动地、创造性地寻找机会以将未来的产品或服务（创意）转化为现实（Shepherd，Krueger，2002）的过程，这些应包含于创业团队内涵之中。③原有界定没有反映创业资源的时代变迁。资金、核心设施、市场等都是传统意义上重要的创业资源；随着时代的发展，技术、信息等已成为新时代的重要创业资源。这些都没有体现于创业团队的内涵之中，从而约束了创业团队组建形式的发展。④原有界定没有揭示创业团队的内在机理。创业团队的形成、演化、发展都有一定的规律，这些随时代的变迁在发展，但是其应反映在创业团队的内涵之中。⑤原有界定没有反映创业的现实机理。当前，能力缺口、资源缺口已成为创业风险形成的根源（谢科范，赵湜，2010），创业团队的组建、发展及其内涵应关注能力缺口、资源缺口的消除。

基于创业团队的原有界定不适应新时代的需要，在此，本研究对创业团队提出如下新的界定：两个或两个以上个体在积极地、主动地、创造性地寻找创业机会过程中，通过资源共享、技能互补、风险分担而形成的，以将创业机会转化为利润增长点的志同道合的团队。

2.1.2　创业团队的特征

团队创业作为当前的一种主要创业模式，已经广受社会各界认同。但是，作为一个群体，创业团队的形成与创业实施的过程是同步的，是在创业实施过程中不断组建、完善和优化的。所以，创业团队会对创业的实施、创业绩效自始至终地产生影响。这种影响是根源于创业团队的一些本质特征，其主要特征表现为以下四点。

2.1.2.1　完整性

完整性是创业团队的重要特征之一，是影响创业绩效的重要因素。一个团队之所以比单一创业者更易于成功或实现创业绩效的持续成长，就是因为：一个完整的团队，其拥有创业成功的要素更加充实、丰富，以致有足够的技术、能力（Kamm，等，1990）和资源抵御创业风险、支持创业的成功开展。新创企业绩效的增长与创业者所管理团队的完整程度呈正相关性（Roure，Maidique，1986）。所以，团队的完整性是创业团队的重要特征之一。创业团队的完整性主要体现在：职能完整性、技能完整性、资源充实性。职能完整性是指推进创业实施的所有相关职责被团队成员全面分担的程度，其包含了权力、责任和能力相互对等及人尽其职的程度；技能完整性是指团队成员基本具备实施某项创业所需技能的程度，其包含了团队成员之间能力互补的程度和团队成员能力与创业技能需求的融合性程度；资源充实性是指创业团队拥有创业所需资源的充实性程度，其包含了团队成员之间资源共享的程度、团队成员愿意为团队贡献资源的程度和资源满足创业需求的程度。

2.1.2.2　开放性

开放性是创业团队的另一重要特征，是影响创业团队完整性的重要因素。在创业团队的创建过程中，起初多以情感为基础结合而成。但是随着创业的持续推进，技能、职能、资源的缺失逐渐暴露，于是通过团队成员的外部学习、新成员的吸纳、内部职能互补机制的构建来完善创业团队。这一过程是一个开放的过程，也是创业团队开放性的重要体现。没有创业团队的开放性，就难以实现创业团队的完整性。所以，创业团队的开放性是保障创业团队完整性的基础，也是创业团队适应性发展的结果。因此，创业团队的开放性是其重要特征。创业团队开放性的另一表现是：创业过程中的利益相关者影响着创业团队的行为和绩效，即创业团队处于一个开放的系统之中，在创业过程中不断与外界交换资源、信息和价值，实现创业绩效。对于一个创业团队而言，其是否开放及开放程度如何，取决于其与外界交换物质、技能、人事的意愿。所以，创业团队的开放性需要其资源拓展机制、群体学习机制来保障。

2.1.2.3　异质性

异质性是指团队成员在性别、年龄、种族、专业知识、经验、价值观和人格等个人特征的分布及差异化程度，也称为团队多样性（Javier，等，2009）。它是创业团队表现中最相关的指标。在变动的环境下，团队的异质度和绩效呈正相关；在稳定的环境下，团队的异质度和绩效呈负相关。这是因为：在动态环境下，异质性高的创业团队，成员的互补性强，成员的价值在不同环境下都能得到展现，因此创业团队抗击环境不确定性的能力强；各个成员的价值都能有效发挥，因此团队异质性不会影响内部凝聚力。但是，在稳定环境下，异质性高的创业团队，由于成员价值的发挥空间有限，所以内部凝聚力会受到影响，从而影响团队的合作效果。因此，异质性是创业团队的重要特征之一。基于创业环境的相对性，团队异质性对创业团队的影响很难准确描述，但是当团队的异质性导致认知冲突为主时，团队的异质性是有利于创业的；当团队的异质性导致人际冲突为主时，团队的异质性是不利于创业的（Hironori，Sue，2002）。所以，团队异质性是创业团队的重要特征，也是最复杂的一项特征。

2.1.2.4　适应性

在创业过程中，创业团队的人员构成和组织架构经常变动，这就是创业团队适应性行为的结果。作为一个新兴群体，创业团队不仅面临着内部成员的异质性，也面临着多变的创业环境。这些都迫使创业团队不断进化，通过内部的相互磨合、职能的不断完善、组织的不断优化、成员的不断更新，实现创业团队的整合与优化，不断增强其凝聚力和环境应变能力：这就是创业团队的适应性特征。创业过程是一个创业团队成员的磨合过程。创业团队的组建是与创业同步的，而且是两者实现和谐化、协同发展的过程。为此，适应性是创业团队的重要特征，对创业绩效有着重要的影响。对于一个创业团队而言，其适应性是以商机的生命力为基础的。具有较强生命力的商机，具有较强的资源与创业者吸附性。这构成了创业团队适应力的基础，创业团队一方面有足够的选择空间，优胜劣汰地挑选创业者，优化创业团队结构及团队技能；另一方面有足够的资源，支持创业团队适应性发展。所以，创业团队的适应性是以商机为基础，在优胜劣汰机制、创业退出保障机制、群体学习机制下进行的自我改进行为。

所以，完整性、开放性、异质性和适应性是创业团队的四个基本特征。创业团队的完整性是以其开放性、异质性和适应性为基础的，即：创业团队的完整是动态的过程，是创业团队在整个创业过程都具有完整性的一种基本要求；创业团队的开放性是其适应性存在的条件，缺乏创业团队的开放性，其适应性将既无方向性，也无动力源。

2.1.3　创业团队的要素

创业团队之所以称为一个团队并能成为创业的实施主体，不仅是因为其具有完整性、开放性、异质性和适应性等特征，而且还存在一些重要因素，它们既影响创业团队的完整性、开放性、异质性和适应性，也是构成一个完整团队的基础。这些重要的因素包括以下三个方面。

2.1.3.1　结构

任何一个创业团队都包含两个或两个以上的个体，这些个体之间必然存在关系，或利益关系、或组织关系、或沟通关系，等等。无论何种关系，当这些关系以固定的模式呈现时，它就是一种结构。关系模式在内容上的差异性，使得创业团队结构常常呈现多种类型。常见的有：角色结构、技能结构和权力结构（谢科范，陈刚，2010）。这些类型结构模式不仅反映了创业团队的基本特征，而且还影响着创业团队的行为（陈刚，谢科范，2010）、能力（张振华，2009）和创业绩效：科学合理的内部结构有利于创业团队行为的优化、创业能力的发挥和创业绩效的创造；反之，不科学、不合理的内部结构将影响创业团队的行为和能力，进而抑制创业绩效的创造。所以，创业团队结构是创业团队的重要因素之一，也是创业团队成为整体的基础。

2.1.3.2　行为

作为创业的实施主体，创业团队对创业实践活动的参与，就是一种行为，而且这种行为自始至终影响着创业的实施。因此，创业团队行为是创业的重要因素，也是影响创业绩效的关键因素（周劲波，2009）。创业团队在创业活动过程中，形成了一些稳定的行为模式。常见的行为模式有协助行为、决策行为和学习行为。其中，协助行为是指创业团队内成员之间的相互协助模式及默契程度；决策行为是指创业团队在重大问题上的决策模式、方式、程序及方法；学习行为是指创业团队及其成员在创业过程中的适应性进化行为。这些行为模式基本涵盖了创业团队的全部创业实践活动。因此，创业团队行为是影响创业绩效的重要因素，也构成了创业团队的重要因素。

2.1.3.3　能力

创业能力是指创业团队在创业过程中所表现出来的一种适应于创业环境、适宜于创业的综合性能力。它反映了创业团队所具备的胜任创业任务所要求的知识、能力和特质等，因此，也被称为创业团队胜任力（张振华，2009）。机会能力、战略能力、关系能力、组织能力、概念能力、承诺能力、协助能力、学习能力和创新能力等是创业团队胜任力的重要维度（马红民，李非，2008）。这些因素也在创业过程中发挥作用，影响创业实施的行为质量，抑制创业绩效的创造。所以，能力也是创业团队的重要因素。

总而论之，结构、行为和能力是创业团队的三要素，都会影响创业绩效。不仅如此，这些要素之间还存在相互作用的关系。创业团队结构不仅影响创业团队行为的演化，而且影响创业团队能力的发挥和提升，更直接影响创业绩效；创业团队行为和能力也会直接影响创业绩效的创造。于是，创业团队要素之间可形成如图 2－1 所示的创业团队内在要素因果关系。

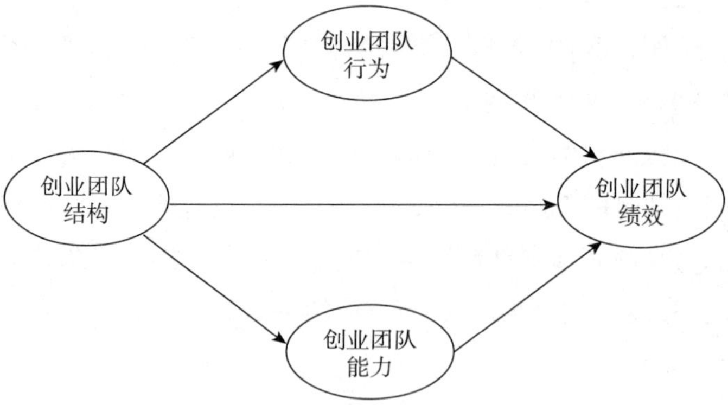

图 2－1　创业团队内在要素的因果关系

2.2　创业团队风险决策的界定

2.2.1　创业团队风险决策的定义

自创业成为人们的一种行为模式以来，创业决策就不是一个新的问题，而是每个创业者必须面对的。关于创业决策，人们常常理解为围绕“是否创业”的决策。这也是早期许多学者对创业决策的理解，他们认为创业决策是潜在创业者做出创办企业、成为创业者决策的过程。但是，随着经济社会的发展，创业决策的问题变得更加复杂（谢科范，陈刚，2011）。其复杂性主要体现在以下四个方面。

（1）团队创业成为一种新的主流，导致决策过程更加复杂。在团队创业决策过程中，每个创业者都有各自希望达到的明确目标。但是他们的目标并非完全一致，从而引起相互博弈。这种博弈关系并非完全理性的，情感、认知等非理性因素在其中发挥着重要的影响，这使得创业决策的过程更加复杂。创业团队内成员之间的相互博弈关系及结果也影响着创业者的目标权衡。

（2）随着经济的全球化，世界范围内经济主体的关联性更加紧密。这种紧密性既推动了价值在世界范围内的传播，也驱动着风险的全球传播，危及世界范围内更多的企业；从而使创业风险更加复杂，创业者必须面对的不确定性状态更加丰富，对这种不确定性状态的主观估计更加困难。这使得创业决策的结果更加难以预估。

（3）随着知识经济的来临，技术、智能、知识在经济发展中的作用更加突出，也成为重要的创业资源。新创业资源的不断涌现，使得创业者可供选择的行动方案更加丰富。这既增加了创业者的决策空间，有利于其优化决策；也增加了创业者的决策难度，从先前的两难决策（段锦云，2008）演化为当前的多难并存的复合决策。这使得创业决策的难度更加突出。

（4）随着信息技术的发展，人们之间的联系更加紧密，人们之间的合作方式、合作内容也更加丰富，打破了传统的“以情感为纽带形成创业团队”的模式，使创业者必须面对“和谁合作”“以何种权责利配置进行合作”“如何组合技术、人力、资金等资源”等新的决策问题。这使得创业决策的内容更加丰富。

所以，在新的背景下，创业决策更加复杂：创业决策不再局限于确定性问题的评价与选择，而是在考虑不确定性存在的情况下的风险决策（韩宇平，等，2008；张兵，2010）。因此，创业团队风险决策是指在系统分析和综合考虑多方面不确定性因素的基础上，从创业机会识别、创业机会开发中做出选择决策的过程（李剑锋，1996；段锦云，2008）。

2.2.2 创业团队风险决策的特征

创业团队风险决策是其在面对多种创业机会时进行机会选择与决策的过程。虽然对于不同的决策任务、决策背景，决策规则可能不同，但是创业团队风险决策具有一些基本的共性（谢科范，陈刚，2011）。

2.2.2.1 创业团队风险决策是一个非程序化决策过程

在创业的不同阶段，创业风险特征各不相同，创业团队结构、行为也各不相同。其中，创业风险特征的不同，使创业团队在不同时期面对的决策任务及其条件也各不相同。面对不同的决策任务、不同的决策条件，以相同的决策程序采取相同的对策势必遭遇失败。创业团队必须因决策任务、决策条件的变化，相机调整决策程序，以优化决策适应新的环境变化。另外，随着创业的发展，创业团队结构在不断优化，其权责利配置在不断调整，这必将促使创业团队内的决策程序不断变迁。所以，创业团队风险决策是一个处理未曾经历的、非结构性问题的非程序化决策模式。

2.2.2.2 创业团队风险决策非常复杂且没有完全正确的结果

在创业团队风险决策过程中，决策问题及决策过程都涉及风险。其中，决策问题涉及政治风险、经济风险、社会风险、法律风险、技术风险、生产风险、管理风险、财务风险和人力资源等多种创业风险，这使得创业决策的内容、背景更加复杂；决策过程中可能遭受风险倾向扭曲、情感因素作祟、竞争与合作、领导崇拜、坚信“真理掌握在多数人之手”等多种类型的决策风险，这使得决策的结果更加不确定。两种风险的并存作用，使创业团队风险决策的结果不可能唯一，也不会存在唯一正确的结果。

2.2.2.3　创业团队风险决策是一个适应性决策过程

Pyane（1993）提出了相机决策理论，该理论认为决策任务的变化、决策者认知特征的变化、社会因素的变化都可能影响决策行为的变化。在创业团队风险决策过程中，团队成员之间存在的认知差异会促使他们吸收新信息，调整其认知，这就是一个动态的适应性学习过程；当个体发现其决策与群体决策有偏差时，他们可能修正他们对创业策略的评价，改进其决策，这就是一个动态的适应性决策过程。

2.2.2.4　创业团队风险决策是一个理性复合型决策过程

创业是一项高风险的事业，该事业可以给创业者带来精神及物质上的收益，但这种收益的获取是有风险的。在此条件下，创业者必须理性决策。同时，受知识的局限性、信息的隐蔽性、认知的情绪性等影响，创业者的决策不可能完全理性，创业者只能进行有限的理性决策（李广海，2007）。受个体差异的影响，各创业者的有限理性程度并不相同。于是，在创业团队风险决策过程中存在创业者理性的耦合，表现出生态理性的决策规律（庄锦英，2004）。所以，创业团队风险决策是一个理性复合型决策过程。

2.2.3　创业团队风险决策的基点

新企业的起点是商机（Timmons，1999），围绕商机的开发、识别，由创业团队所开展的选择性活动就是创业团队风险决策。因此，创业机会是创业团队风险决策的基点，创业机会的识别是创业过程的逻辑起点（胡晓娣，2009）。

所谓创业机会是指通过创业来实现资源增值的可能性（谢科范，陈刚，2011），这种可能性受到两个因素的影响（陈海涛，蔡莉，2008）：第一，机会的盈利性，即机会带来的盈利能力和规模；第二，机会的可行性，即实现盈利的可行性和把握度。不仅如此，这两个因素之间也相互影响，使得创业机会表征异常复杂，甚至引起了创业机会起源的学术争议。关于创业机会的起源，一部分学者认为创业机会是客观存在并由部分特质创业者所识别的（Saravah，Nicholas，2003），即“机会识别”学说；另一部分学者认为创业机会是由创业者所创造的（Ardichvili，Cardozo，2003），即“机会创造”学说。不可否认，现实中，既有机会识别型创业者（以识别到的商机创业），也有机会创造型创业者（以创造出的商机创业）。如服务行业内的创业者常常是识别到某种具有盈利性的商机，并据此进行创业的；高科技行业内的创业者常常是通过开发某种独特的具有可行性的技术，并据此进行创业的。所以，“机会识别”学说和“机会创造”学说都有其存在的现实依据，两者的矛盾在于：“机会识别”学说只认识到或过分强调机会的盈利性；“机会创造”学说只认识到或过分强调机会的可行性。实质上，盈利性和可行性都是创业机会两个不可或缺的特征，机会开发、机会识别也是创业决策两个不可或缺的活动。这主要是因为：环境的变化、创新的成果和禀赋的集成是创业机会的三种主要来源（谢科范，陈刚，2011）。当前环境的变化，一些新的市场需求被暴露，相关信息促使创业者形成机会感知，从而为潜在创业者带来了具有盈利性的商机。基于这种具有盈利性的商机，创业者通过开发商品、创造服务、构建网络等机会开发活动来力求满足这种需求，从而创造了商机的可行性。在该过程中，创业者的努力并非一帆风顺，常常会遇到各种阻力，从而使创业者认识到创业风险的存在及危害，形成风险感知。为此，当创业机会来源于环境的变化时，创业者的机会感知的形成早于风险感知的形成。当创新的成果出现时，就预示着一些改善产品/服务质量、提高生产/服务效率或降低生产/服务成本的手段已经出现，这些为潜在创业者创造了具有可行性的商机。创新成果来源于创业者的创新行为，为此，创业者对创新成果的可行性有较精准的认识，这些认识缔造了创业者的风险感知。基于这种具有可行性的商机，创业者通过市场分析、消费者行为分析等机会识别手段来力求将这种创新成果市场化，追寻商机的盈利性。在该过程之中，随着消费者对创新成果认知的加深，创新成果的市场化前景不断凸显，从而使创业者认识创业机会，形成机会感知。为此，当创业机会来源于创新成果时，创业者风险感知的形成早于机会感知的形成。所以，机会开发和机会识别是创业团队风险决策的两个基本活动，两者互为逻辑起点，而且这种逻辑关系常常是一种反复的、动态的循环逻辑关系。即：一段时间机会开发是以机会识别为逻辑起点，一段时间机会识别是以机会开发为逻辑起点；一些事务的处置以机会开发为机会识别的逻辑起点，另一些事物的处置以机会识别为机会开发的逻辑起点。当机会开发活动和机会识别活动实现动态的逻辑循环时，将实现禀赋的集成，这是创业机会的另一重要来源，也是创业机会探索的最高境界。所以，机会识别和机会开发是创业者的两种策略，相互的逻辑关系彰显了人类的智慧（见图 2－2）。

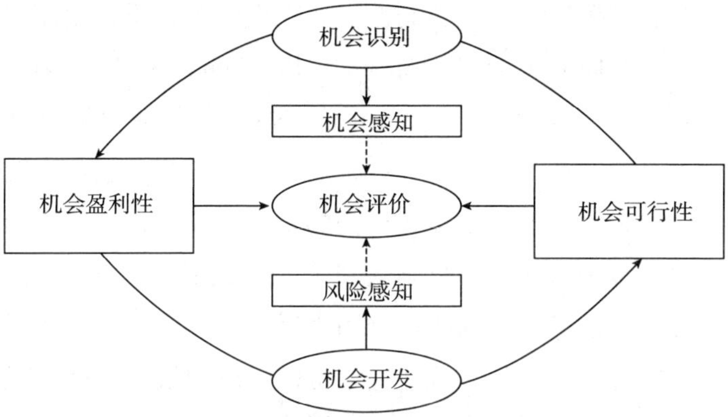

图 2－2　创业团队风险决策的逻辑框架

同时，机会开发和机会识别也是创业团队风险决策过程中机会评价的基础。机会开发挖掘了创业机会的可行性；机会识别探讨了创业机会的盈利性。创业机会的可行性和盈利性形成了创业机会评价的物质基础，是创业机会客观评价的依据。对于可行性的创业机会，对其进行机会识别时，创业者会逐渐形成机会感知；对于盈利性的创业机会，对其进行机会开发时，创业者会逐渐形成风险感知。机会感知和风险感知形成了创业机会评价的心理基础，是创业机会主观评价的依据。所以，机会开发和机会识别是创业决策过程中机会评价的前提，机会评价是创业团队风险决策的依据，三者共同构成了创业团队风险决策的基础。

2.3　创业团队风险决策的认知心理学

2.3.1　创业团队风险决策的认知因素

关于创业决策，早期的研究多从创业者的特质来解读，这就是特质理论。该理论认为：创业者拥有可以识别的、独特的个性特质，正是这些特质影响着创业行为的发生（马昆姝，胡培，2008）。特质理论使得许多研究试图从创业者的个性特质和个人背景来阐释创业决策。研究结果并不尽如人意，这主要体现在：第一，创业者的一些特质并不明显。特质论认为相对于非创业者，创业者具有成就需要、不确定容忍、控制源、风险倾向等特质，然而实践证明创业者的控制源、风险倾向并不明显（Simon，Houghton，2002）；第二，创业者的个性特质无法对其行为进行预测（Gartner，1989）。创业决策是创业者的最重要行为，该行为影响创业过程及其绩效，后者反过来影响创业决策，这种复杂的因果关系是特质论无法预测创业者行为的主因；第三，特质论无法解释创业团队的决策机理。基于特质论，创业者具有一定的特质，这种特质是静态的、稳定的，这无法解释创业团队的决策。因为后者是群体决策，在群体决策过程中，存在妥协和坚持，这也是一致性决策得以形成的根源；然而稳定的特质无法解释群体决策过程中的妥协行为，从而影响了群体决策的实现，限制着创业团队的形成。

所以，特质论并不能解释创业者的创业决策行为（Gartner，1989），更不能解释创业团队的风险决策行为，从而使创业决策的研究进入死角。后来，随着行为经济学的发展，一些学者尝试从心理学来探析创业者的决策机制（Bird，1988），这就是创业决策的认知论。该理论认为：自我效能感、机会感知、风险感知等认知因素在创业决策过程中发挥着重要的作用。认知因素在创业团队风险决策过程中的作用，集中体现在以下四个方面。

2.3.1.1 机会感知影响创业决策

影响创业决策的主要因素是创业机会的识别（Ardichvili，等，2003）。机会识别是指，在面对多样化的刺激和事件时，创业者对商机存在与否的一种模式知觉。这种知觉会影响创业者的决策，但是，对创业决策的影响程度则与创业者对商机存在与否的知觉强度有关。在此，将这种创业者对商机存在与否的知觉强度称为机会感知。在创业团队风险决策过程中，创业者的机会感知除了受商机的盈利性和可行性（苗青，2006）影响之外，创业者本身的经验、知识、能力和信息容量也会影响其机会感知；另外，群体效应也是不可忽视的。群体效应表现在：信息共享条件下信息容量的增加；能力互补条件下商机可行性的增强；资源富裕性增加的条件下商机盈利空间的增强，等等。群体效应会扭曲创业者的机会感知。在群体决策机制下，创业者的机会感知会适应性地调整，从而形成一致性的群体机会感知，影响整个创业团队的决策。所以，机会感知不仅是影响创业者风险决策的重要因素，还是影响创业团队风险决策的重要因素。

创业机会就是通过创业来实现资源增值的一种可能性，更是创业决策的诱因，所以创业机会对于创业及其决策具有重要意义。发现机会、感知到机会的存在是创业决策的前提，对创业机会的研究十分重要。但当前关于创业机会的研究在学术界尚有分歧：Saravath 和 Nicholas（2003）认为创业机会是客观存在的，识别机会的信息是完备的，并在个体间随机分布，并非只有特定的创业者才能识别机会；Shane 和 Venkataraman（2000）认为创业机会是客观存在的，但是这些信息不是随机分布的，一些人更容易发现创业机会在于他们具备更高的创业警觉性；Ardichvili 和 Cardozo（2003）认为机会的一些要素可以被认知，但是机会是创造的，而不是被发现的。可见，当前关于创业机会的主要分歧集中在机会是客观存在的还是主观创造的、创业机会的信息是否完备和随机分布的。虽然对于创业机会尚有分歧，但是他们的分歧意见中都隐含着一个相同点——机会感知。机会感知是创业者对能把握并确保创业机会盈利的可能性的主观评价，是创业机会在创业者思维意识中的主观反映。这种意识反映包括：①机会感觉的过程，即意识到存在的潜在机会，发现未开发的市场需求或未被充分利用的资源，这种意识是客观机会个别属性的主观反映。这种意识的形成有赖于创业者的能力，包括警觉性、知识存量、先前经验等；②机会知觉的过程，即对意识到的潜在机会的必要评价，这种评价并非正式的评价过程，仍然是基于创业者意识的主观评价，主要是权衡意识到的机会的价值和创造价值的能力的匹配程度，这一过程是客观机会整体属性的主观反映。

2.3.1.2　风险感知影响创业决策

创业活动具有高风险性，于是风险是创业决策时创业者必须考虑的因素。在创业决策中，风险感知起着重要的作用。人们采取冒险行为是由于他们感知到的风险较弱（Kahneman，Lovallo，1993）。有学者进一步指出，对风险感知的忽略会明显妨碍认知因素在创业领域的解释力（Sitkin，Pablo，1992）。与没有采取冒险行为的人相比，采取冒险行为的人感知到的风险较低。即使要求对同样的情形进行评价，一些人认为十分冒险，另一些人却认为并非如此。因此，即便个人的风险倾向不高，但由于其感知到的风险较低，采取冒险行为的可能性也会较高（他本人并不认为自己是在冒险）。可见，风险感知是创业风险决策的重要影响因素。它是创业风险在创业者思维意识中的主观反映，是创业风险在创业者的思维意识里形成的总体烙印及其烙印深度。这种烙印及其深度是在创业风险感知过程中形成的。创业风险感知包括两个过程：第一，风险感觉的过程——感觉到的不确定性，这些不确定性包括市场的不确定性、技术的不确定性等。这种意识的形成有赖于创业者的类似经验和知识存量；第二，风险知觉的过程——对感觉到的这些不确定性发生后果的意识反应，是对感觉到的不确定性的一种加工过程，分析不确定性发生后的严重性。所以，风险感知受到创业风险的不确定性和严重性双重因素的影响。

2.3.1.3　自我效能感影响创业决策

自我效能概念源于社会认知理论，由心理学家 Bandura 于 20 世纪 70 年代提出。其认为人类动因在环境、认知、行为互动关系中发挥着重要作用，人的自我效能感对行为起着主导作用。自我效能是指人对其完成某项任务或执行某项行为所需能力的信心，其直接影响人的思维、动机和行为。在创业决策过程中，创业者存在一定的效能感。创业者相信自己能够成功扮演特定的创业角色，并完成特定创业任务的信念强度，这就是创业自我效能感（汤明，沈超红，2009）。创业效能感是影响企业家创业的关键认知因素（丁明磊，王春研，2009），在创业决策中发挥着重要作用（马昆姝，胡培，2008）。其作用主要表现在：自我效能感高的创业者更愿意努力探索、捕获信息（沈冬薇，颜士梅，2009），所以，自我效能感高的创业者更容易识别到创业机会（丁明磊，等，2009）；自我效能感高的创业者常常感觉自己有更多的能力去把握机会从而获取成功（汤明，沈超红，2009），所以，自我效能感高的创业者常常低估创业的能力缺口，且其创业机会感知更高；自我效能感高的创业者更愿意选择富有挑战性的任务（汤明，沈超红，2009），所以，基于相同的创业风险感知，自我效能感高的创业者常常认为自己能够实现成功创业，而冒险进行创业（马昆姝，胡培，2008）；创业效能感高的人更愿意将成功归于个人能力、将失败归因于努力不足（汤明，沈超红，2009），所以，自我效能感高的创业者更加乐观，积极面对困难，不轻易放弃，而且即使最终失败，也会快速恢复，主动转行；自我效能感高的创业者更乐于洞悉其能力与工作、环境的关系，所以，自我效能感高的创业者常常回避超越自己能力的工作和环境，转而选择自己可以胜任的任务。所以，创业自我效能感是影响创业决策的重要心理因素，其通过创业者思维、动机（马昆姝，胡培，2008）、意向（丁明磊，等，2009）和行为影响创业决策。

2.3.1.4　风险偏好影响创业决策

创业决策往往带有风险性，不同决策者对待风险的态度存在明显的差异，这种差异影响着创业风险决策。但关于这种影响关系的研究尚无统一见解。一些学者认为：风险倾向是通过风险感知来影响决策的（Sitkin，Pablo，1992）。高风险倾向的个人，感知到特定情形的风险要低于风险倾向低的人，风险感知则被认为影响到风险选择（Palich，Bagby，1995）。人们会对可能的决策结果进行排序，而且某些人选择排在前面的选项，另外一些人则选择排在后面的选项（Forlani，Mullins，2000）。还有一种观点认为：创业者的风险倾向是直接作用于创业决策，并不是通过风险感知来影响创业决策（Lopes，1987）。风险倾向影响到创业行为决策过程，风险倾向高的创业者选择高风险的商机；个人在风险倾向上的差异可以解释风险选择行为表现的大部分差异。虽然当前风险倾向对创业决策的影响存在分歧，但是共同的观点都认为：风险倾向是在决策情形下，对已感知到风险的行为偏好，可以有效地将个人对机会的态度概念化，是创业决策者的稳定风险态度。风险偏好是不同的人对风险的不同态度，通常把决策者面对风险的态度分为风险喜好、风险中性和风险厌恶三种类型。

总而言之，在创业团队风险决策过程中，既不限于风险感知和创业自我效能感两个因素影响着创业决策（马昆姝，胡培，2008），也不限于风险感知和风险倾向两个因素影响着创业决策（勒取，2010），还有机会感知也在影响创业决策（沈冬薇，颜士梅，2009）。所以，机会感知、风险感知、风险倾向、创业自我效能感是影响创业决策的四个重要心理因素，构成了创业团队风险决策的四个心理学核心要素（见图 2－3）。

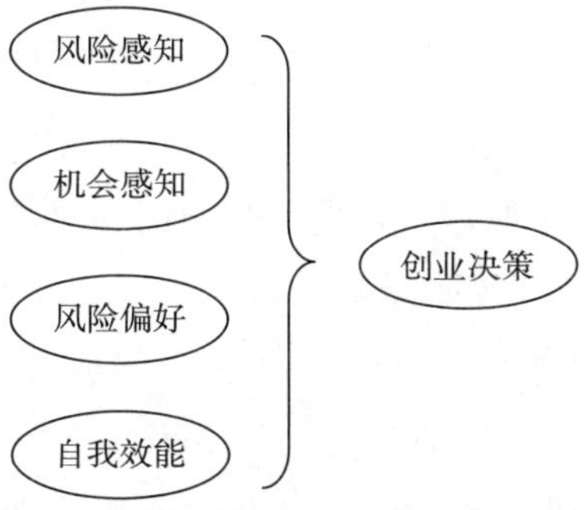

图 2－3　创业团队风险决策的心理学核心要素

2.3.2 创业团队风险决策的认知机理

在创业团队风险决策过程中，机会感知、风险感知、风险偏好和创业自我效能感是影响创业决策的四个主要心理因素。但是，它们对创业决策的影响机理并不相同，呈现出不同的规律。

2.3.2.1 风险偏好间接影响创业决策

风险偏好作为重要的心理因素，对创业决策的影响是间接的，而不是直接的。这主要是因为：创业者的风险倾向并不明显大于非创业者的（Brockhaus，1980），而且高风险倾向的人并非选择高风险的项目创业，而是多选择风险适中的项目，这表明风险偏好并非创业者的特质。因此，并不能依据风险倾向直接判断创业者的创业决策，即：风险偏好对创业决策的影响不是直接的，一些重要的中介因素在风险偏好对创业决策的影响中发挥着重要的作用。Lopes（1987）认为风险倾向影响个人对决策情景的感知和实际决策行为。对于不同的决策情景，创业者都有一定的机会感知和风险感知，这两者都会影响创业决策（马昆妹，胡培，2008）。所以，机会感知、风险感知是风险偏好影响创业决策的重要中介变量；在创业决策过程中，当创业者感知到高创业风险时，风险偏好高的创业者并不一定选择回避，而风险偏好低的创业者则常常会选择回避，这其中常常有机会感知的作用。所以，风险偏好对创业决策的影响是以机会感知、风险感知和决策行为作为中介变量实现的。

2.3.2.2 创业自我效能感间接影响创业决策

自我效能作为影响人们思维、动机与行为的认知因素，在创业决策中的作用主要体现在两个方面：①对商机认知的影响；②对行为选择的影响（韩力争，2006）。高效能感的人更愿意努力探索、捕获信息，从而更容易发现机会（唐靖，等，2007）；高效能感的人对其有更高的能力认知，从而更容易高估机会感知、低估风险感知，所以，创业自我效能感会从创业者的思维影响其机会感知（Jill，等，2005）和风险感知。高效能感的人更加乐观，更关注成就，并积极面对困难，不轻易放弃，从而把握机会的能力更强、意志力更强（唐靖，等，2007）。而且，高成就动机的人常常因具有争取成功的强烈倾向而导致其对机会的积极认知；低成就动机的人则具有对失败回避的倾向而强化风险认知（杨静，2009）。所以，创业自我效能感会从创业者的动机上影响其机会感知和风险感知。不仅如此，创业自我效能感还影响创业决策行为。这具体体现在：如果个人感知的风险是一样的，具有高效能的个人常常认为自己有能力胜任，从而采取创业行动（马昆姝，胡培，2008）。在创业决策过程中，创业自我效能感发挥着重要的作用，这种作用是以机会感知、风险感知和决策行为作为中介变量实现的。

2.3.2.3　机会感知和风险感知的权衡效果直接影响创业决策

在创业决策中，机会感知、风险感知在其中起着重要的作用。创业常常充满着风险，然而仍然有很多人参与创业，这主要是因为他们感知到风险较弱、机会较好。这就说明创业者的机会感知、风险感知在其创业决策中发挥着关键作用。然而，在现实生活中，并非低风险的项目就一定有人创业；也并非高风险的项目就一定没有人创业。这主要是因为：创业决策是在创业者的机会感知和风险感知的权衡中做出的（Hsee，1999）。如果以机会感知和风险感知的权衡结果视为创业决策的依据，那么，当两个人对同一项目的机会感知、风险感知相同，他们的决策结果理应一致。但是，在现实生活中，他们的认知、决策常常有差异，而且还存在两种更奇异的现象：面对高风险的创业项目，高风险倾向的人更可能选择创业，高自我效能感的人也更可能选择创业。导致这两种现象的根本原因是：在机会感知和风险感知权衡过程中，高风险倾向的人因低估风险而选择了创业；高效能感的人因高估商机而选择了创业。所以，在创业决策过程中，风险偏好、自我效能会对机会感知、风险感知两者的权衡结果产生影响，这就是风险偏好、自我效能对创业决策行为的影响。

2.3.2.4　规则聚焦以自我效能和风险倾向为中介变量影响创业决策

规则聚焦理论是 Higgins 于 20 世纪 90 年代提出的，规则聚焦理论描述的是人们如何进行自我管理，并把个人的目标、标准带入组织中的过程（勒取，2010）。其在创业团队风险决策中发挥着重要的作用（苗青，2006），其作用主要体现在：①影响创业者的创业动机。现实中存在两种不同的聚焦方式，一种是促进聚焦，另一种是预防聚焦。促进聚焦的人更关注提升、成长和发展，更重视理想自我，坚信通过努力能获取积极的结果；预防聚焦的人更关注平安、安全和责任，更相信应积极回避消极的结果。②影响创业者的风险倾向（勒取，2010）。促进聚焦导向的人因对积极结果的偏好而更容易产生对情景的积极认知；预防聚焦导向的人因对负面结果的厌恶而更容易产生对情景的消极认知。③影响创业者决策过程中的坚持和妥协行为。对促进群体一致性决策的形成，促进聚焦导向的人和预防聚焦导向的人的态度是不同的，从而对促进创业团队的群体决策形成结果产生影响。这些表现主要是源于规则聚集借助自我效能和风险倾向在影响创业决策。

综上所述，自我效能、风险倾向、机会感知、风险感知等认知因素都在影响着创业决策，但是它们在创业决策中的作用各不相同且相互存在因果关系。于是，可构建如图 2－4 所示的创业团队风险决策认知模型。

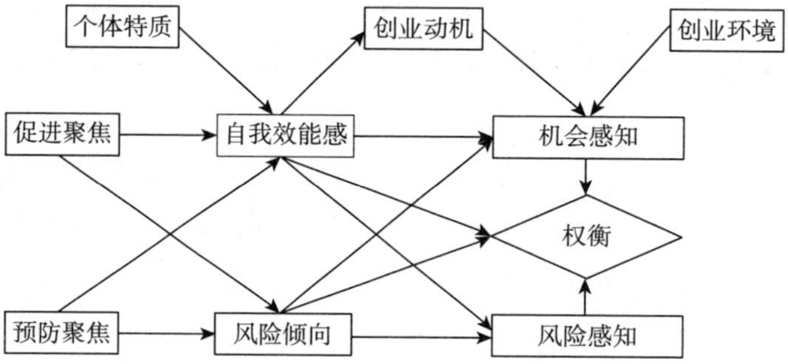

图 2－4　创业团队风险决策的认知心理模型

2.3.3　创业团队风险决策的认知规律

在创业团队风险决策过程中，自我效能、风险倾向、机会感知和风险感知等认知因素是影响其决策的关键因素。但是这些因素受创业决策任务的特性影响，会呈现一些独特的规律，这些规律主要如图 2－5 所示。

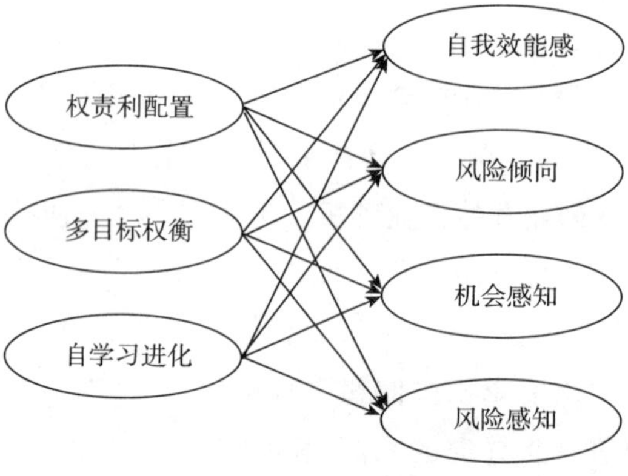

图 2－5　创业团队风险决策的认知规律

2.3.3.1　创业者的认知受权责利配置的影响

权责利既是创业团队风险决策的重要内容之一，也是影响创业团队风险决策的重要因素。在创业团队风险决策过程中，无论权责利配置是否得当，都会影响创业者的认知。这主要体现在：①权力的分布差异使群体决策过程中各自表述自己观点、展现自我信息的顺序有异，先阐释的见解、展现的信息会对后阐释的见解、展现的信息产生影响；②责任分配的差异使创业者各自获取信息的途径不同，这也将影响其认知的形成，导致认知差异和信息不对称；③利益分配的不对等会使创业者的风险倾向不同，当权大、责小、利多时，决策者将更易于冒险。这些现象表明：在创业团队风险决策过程中，权责利配置影响着创业者的认知行为及结果。

2.3.3.2　创业者的认知有短、中、长期目标权衡的考量

创业决策在创业者的人生之中属于重大决策，其必然会进行短、中、长期目标的权衡。这种权衡结果必将影响创业者的认知，这种影响效果主要表现在：①在创业决策过程中，保守型的创业者更重视短期目标的实现、更关注投资的回收期，于是，其常认为短平快的项目风险更低；②冒险型的创业者更关注中长期目标的实现，更重视创业项目的可持续发展，于是，其常高估大项目的机会感知。这些现象表明：在创业团队风险决策过程中，短、中、长期目标权衡影响着创业者的认知行为及结果。

2.3.3.3　创业者的认知有不断进化的态势

在创业团队风险决策过程中，任何个体对创业项目的认知不仅会考虑项目本身的盈利性、可行性，考虑本身的能力和资源，还会考虑创业环境的影响及其他创业者的反应。所以，创业者的认知可视为创业项目、创业潜质、创业环境三方权衡的结果。在创业团队风险决策过程中，创业项目、创业潜质、创业环境三方的权衡是动态的，以致创业者的认知呈现动态进化的趋势。这主要表现在：①当其他创业者对某创业项目认知积极时，创业者常常对该项目产生积极的认知；②当其他创业者对某创业项目的投入反应积极时，创业者常常对该项目也产生积极的认知；等等。这些现象表明：在创业团队风险决策中，创业者的认知是动态的、进化的，并且自身（创业能力和资源）的优化会使创业者产生积极的认知；环境的优化态势也会使创业者产生积极的认知。

2.4 创业团队风险决策的适应性理论

2.4.1 创业团队风险决策的生态理性观

人类的行为是有限理性的，正是这种有限理性使人们在现实中做出合理的决策。但这不一定是最优决策。在现实经济生活中，并不要求人类时时处处做出最优决策，而且时时处处做出最优决策也是不现实的。这是因为：决策的行动方案并非事先确定的，而是人们在搜寻中得到的，搜寻过程并非人们追求最优方案的过程，而是在搜寻成本与预期收益的权衡中追寻满意的结果（陈银飞，2006）。所以，在现实决策中，追求时时处处决策最优是不现实的，但是追求决策与现实环境的匹配是可行的。在此，将这种理性称为“生态理性”。

2.4.1.1 生态理性的内涵

生态理性的内涵包含两个方面（庄锦英，2004）：①强调“个体在适应环境过程中获得的识别环境信息结构的功能作用”。这从生物进化的角度强调了个体适应环境的重要性。因为情绪是环境塑造的结果，是人类适应环境的产物，是对环境结构的直接反映和内隐表达（庄锦英，2003）。②强调“决策制定的机制就是充分利用环境中的信息结构以得出具有适应价值的有用结果的过程”。这说明认识的合理性不在于认识形式本身，而在于具体的认知结构是否与认知情景相吻合，为此应对行为结果的评价使用对应性标准。

在创业团队风险决策过程中，风险决策伴随于创业全过程，不仅包括种子期的“为何创业”“创什么业”“是否创业”；成立期的“能否创业”“何时开始创业”“如何创业投入”“如何创业合作”；成长期的“是否追加投入”“追加何种投入”“是否融资”“是否扩大创业团队”“如何融资”“如何扩大创业团队”；成熟期的“如何组织创业”“如何优化创业”；还包括衰退期的“是否退出创业”“何时退出创业”“如何退出创业”等。这些创业决策问题既伴随于创业的全过程，又随着创业过程的变迁而变化。这说明：创业决策是一个随着创业态势变化的过程。

在创业团队风险决策过程中，创业机会开发是创业早期的核心任务。但是，创业机会是一个潜在的商机，其是否能给创业者、投资者带来收益具有不确定性：为此，来自社会的投资热情常常不高、参与创业热情也不高；为此，在种子期、成立期的创业活动常常受到创业资源和创业能力的约束，相关创业决策也受到影响。在种子期，常常出现如下前景：因缺乏合伙人和投资者，一些潜在创业者常常放弃创业；或放弃前景非常好的商机，选择前景一般但投资不多、能力要求不高的商机；等等。在成立期，常常出现如下前景：①部分创业者不愿全力投资、全心创业；②为了实现创业，部分创业组织者常常被迫让渡部分权益和权利以吸引投资和合伙人；等等。但随着创业的实施，创业机会的商机前景不断展现，以致吸引投资和合伙人更容易，这将使创业决策呈现新的规律：更多的创业者更愿意全力投资、全心创业，甚至以更少的利益、权力索取换取参与创业的机会。这种新背景的变化为优化创业提供了机遇。种种现象皆表明：创业决策是一个适应于创业环境的过程。

在创业团队风险决策过程中，当地及世界的经济形势也影响着创业决策。在经济萧条时期，市场需求下降，商机将被隐性化，以致商机前景的预期被低估，影响商机的搜寻、开发；人们的消费信心被抑制，以致储蓄意愿不但强于消费意愿，更强于投资意愿，为此创业投资的寻求将更加困难，影响创业投资；人们的经济预期呈现悲观化，以致追求稳定、规避风险的期望更加强烈，这使潜在创业者的创业风险感知增强。在经济繁荣时期，市场需求激增，商机被显性化，以致潜在创业者对商机前景的预期常被高估，促进商机的开发；人们的收益增加，消费盈余增加，以致投资的意愿增强，这为创业融资提供了机遇；人们的经济预期呈现乐观化，以致风险的心理承担能力增强、控制创业风险的信心增加，这使潜在创业者的创业机会感知增强，等等。这些因素皆受到了经济形势的影响，这表明：创业决策是一个随着经济形势变动的过程。

所以，创业团队风险决策是一个与创业态势、创业环境及经济形势相吻合的复合过程，这些环境特征影响着创业团队的风险决策。

2.4.1.2　情绪的生态动因机制

在创业团队风险决策过程中，任何一个创业者的创业决策都是风险决策。在该过程中，情绪影响着创业者的决策行为。情绪是环境信息结构的天然携带者，是对环境结构的直接反映和内隐表达（庄锦英，2003）。所以，情绪是环境塑造的结构，是人类适应环境的产物（李爱梅，等，2009）。情绪对创业风险决策的影响是以情绪激发为前提的。在创业风险决策过程中，创业者在不断地进行信息搜寻，并拥有丰富和可靠的重复结构、具有可辨认的线索。一旦出现错误会导致付出昂贵代价的条件和情景时，情绪将被激发，这是导致情绪产生的最可能源泉（Tooby，Cosmides，1990）。情绪在创业风险决策过程中的影响机理如图 2－6 所示。

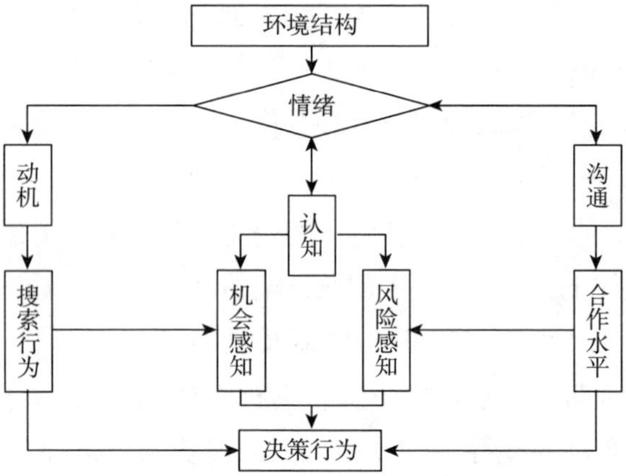

图 2－6　创业风险决策的情绪影响机理

第一，情绪影响创业认知。情绪一旦被激活，就具有大范围改变大脑程序的能力，使决策者改变知觉和注意方向（庄锦英，2004）。当注意方向被改变时，创业决策过程中行动方案的搜索方向将发生变化，以致影响创业机会感知；当认知风格被改变时，创业及其决策过程中的合作水平将改变，以致影响创业风险感知。

第二，情绪影响创业动机。情绪一旦被激活，决策者的目标、动机及其权重将发生改变（庄锦英，2004）。当创业目标改变时，创业者对行动方案的预期情绪将受到影响，预期情绪在决策中发挥着作用，以致影响创业决策；当创业动机改变时，创业者的风险倾向也将发生影响，主要体现在个体回避失败的动机越强，其在风险情景中的行为倾向越趋于保守，对此情景的风险感知也越高（谢晓非，李育辉，2002）。

第三，情绪影响创业合作。情绪一旦被激活，决策者的沟通方式将发生改变（庄锦英，2004）。当沟通方式改变时，创业合作将受到影响，相关的创业团队构建也将受到影响。创业团队是创业能力缺口、创业资源缺口修复的有效手段。后者又是创业风险感知的根源，所以，情绪的激活将动摇创业风险决策的基础。

2.4.1.3　情绪的生态反应机理

在创业团队风险决策过程中，创业者根据自己的创业目标和关注的焦点对当前的情境做出评估，在此基础上产生不同的感受。这包括两种情形：一种是消极情绪，消极情绪是当前创业环境、决策环境存在问题与异常的信号；另一种是积极情绪，积极情绪是当前创业环境安全、决策环境良好的信号。这两种情绪感受以反馈的形式对创业者的判断和信息加工过程产生不同的影响。在消极情绪作用下，创业者应认真对待环境，并精细和系统地加工环境中的信息；在积极情绪作用下，创业者会弱化对信息加工的重视。

情绪感受还影响着创业者的思维。积极情绪能扩展决策者的注意范围和思维活动序列，并提高思维的创造性和灵活性。所以，积极情绪能激发创业者搜寻决策方案的积极性、提高开发创业机会的创造性，以致改善创业机会感知。消极情绪会缩小决策者的思维活动序列，并抑制思维的创造性。所以，消极情绪会抑制创业者对决策方案的深入搜索、抑制更优决策方案的开发，以致影响创业机会感知（Fredrickson，Branigan，2005）。创业风险决策的情绪反应机理如图 2－7 所示。

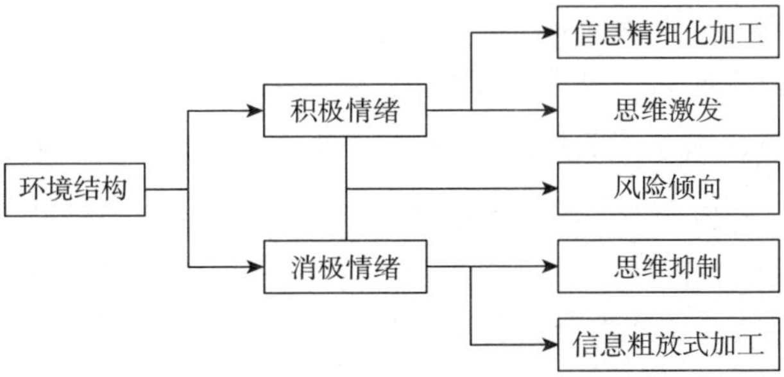

图 2－7　创业风险决策的情绪反应机理

创业者的风险倾向也会受到情绪感受的影响。消极情绪可能引起创业者焦虑，这将增加其对低风险、低回报型决策方案的偏好；消极情绪也可能引起创业者的悲伤心理，这将降低其对低风险、低回报型决策方案的偏好（Raghunathan，Pham，1999）；消极情绪还可能使创业者产生恐惧心理，这将使其高估风险并回避风险（Lerner，Kelthner，2000）。

2.4.2 创业团队风险决策的适应性原理

创业团队风险决策是创业者的行为在依据创业背景相机调整，以适应创业环境的应对决策过程。所以，“事态—响应”是创业团队风险决策的典型策略（陈刚，2011），这一策略选择过程中存在如下三个特征。

2.4.2.1 创业团队风险决策基点的适应性变化

创业的成功与失败不是一朝一夕的，都会经历一个由质变到量变的过程。所以，创业绩效 S_t 是一个连续函数。追求创业绩效 S_t 的稳定增长是一般创业者的目标，即 $\frac{\mathrm{d}S_t}{\mathrm{d}t} = k$（$k$ 为一个常数，且 $k > 0$）。但在创业环境的影响下，特别是在创业系统风险的作用下，k 是一个随机变量，甚至局部时段 $k \leqslant 0$。所以，创业过程中存在大量的系统状态，这种系统状态是随机的，并不一定按照创业团队的目标 S_t^* 而演化，偏离目标是创业团队遭遇创业系统风险作用的结果。创业团队风险决策的根源在于控制这种“偏离”，使创业过程的系统状态向好的态势发展，即 $\frac{\mathrm{d}S_t}{\mathrm{d}t} > 0$ 且 $S_t \to S_t^*$。所以，创业团队风险决策的过程即创业团队控制创业态势 S_t，以适应创业环境，实现创业目标 S_t^* 的过程。

创业绩效状态 S_t 既是创业团队风险决策的依据，也是创业团队风险决策目标的拟定依据。所以，创业绩效状态 S_t 是创业团队风险决策的基点。在动态的创业环境中，创业团队风险决策基点 S_t 在创业团队行为、创业环境的影响下而不断变迁，并且创业环境与创业团队行为相互作用，共同改变着创业的绩效状态。因此，假设在现有的状态下，如果有一个创业环境的干扰作用与一个创业团队的应对决策相互结合，那就决定了创业绩效的下一个状态，即 $S_{t+1} = F(\varepsilon, S_t)$。$\varepsilon$ 为创业环境作用于创业活动的外部干扰，也是创业活动所遭遇的创业系统风险；F 为创业团队风险决策的规则与创业行为规则。

在团队创业过程中，基于创业者的有限理性思维意识作用，创业团队风险决策规则呈现复杂的特征。一些特殊情形常常发生，如创业者不计一时得失，而重视长期得益。于是，其决策规则为：$\exists t^*, S_t^* < 0, \int_0^T S_t > S^*$。在这种意识下，$\frac{dS_t}{dt}>0$ 并非创业决策的唯一目标。

2.4.2.2　创业团队风险决策策略的适应性变化

在创业过程中，外部干扰持续影响着创业活动的开展，创业团队对影响创业发展态势的外部干扰没有控制力，创业团队只能“借力打力”相机调整创业行为，适应于外部干扰。创业系统风险是指因外界因素变化而导致创业机会特征发生改变，进而影响整个创业活动的风险。所以，创业团队“借力打力”应对外部干扰的过程也是创业团队应对创业系统风险的过程，适应创业环境的应对策略研究、创业系统风险的规避策略研究是创业团队风险决策的重要内容。但是，创业环境的适应性策略研究一方面应以外部创业环境为决策依据；另一方面策略的选择应遵从创业团队风险决策规则。

外部创业环境得以成为创业团队风险决策的依据是以创业系统风险感知为基础的。创业团队在认知创业系统风险过程之中，需要遵循一定的信息编码规则（任林旭，2006）。任何创业者都会对环境沟通的信息进行编码，形成创业决策的依据，这也是创业团队内信息沟通的条件。所以，创业团队风险决策受到其信息编码规则的影响。

创业团队风险决策规则涉及创业团队的权责利配置机制、多目标权衡机制和自学习进化机制，这些机制是在创业团队结构的不断完善过程中形成的。创业团队结构包括技能结构、权力结构和角色结构（谢科范，2010）。在创业者不断加入或退出创业团队的过程中，这些结构不断得到完善。其中，创业团队的自学习进化机制以创业团队的技能结构来映射，是创业团队中创业者技能得以提升与展现的组织模式；创业团队的多目标权衡机制以创业团队角色结构来映射，是创业团队中创业者自我定位形成的相互耦合关系；创业团队的权责利配置机制以创业团队的权力结构来映射，是创业团队中创业者权力保障与应用的策略集成。在团队创业过程中，如果创业团队内能够形成一种偏好状态的决策规则，那么创业团队的结构将相对稳定，以致影响后续的创业活动，因而相关的决策规则就更可能在未来得到运用；如果导致的是一种非偏好状态的决策规则，那么创业团队结构的稳定性将被打破，以致这样的决策规则不可能在未来得到运用。

2.4.2.3 创业团队风险决策逻辑的适应性变化

在创业过程中，以适应创业环境为主的创业系统风险应对策略研究是创业团队风险决策的重要内容；除此之外，以消除资源缺口、经验缺口为主的创业非系统风险应对策略研究也是创业团队风险决策的重要内容。但是，这两类策略研究的逻辑思路各不相同，且相互影响，具体如图2-8所示。

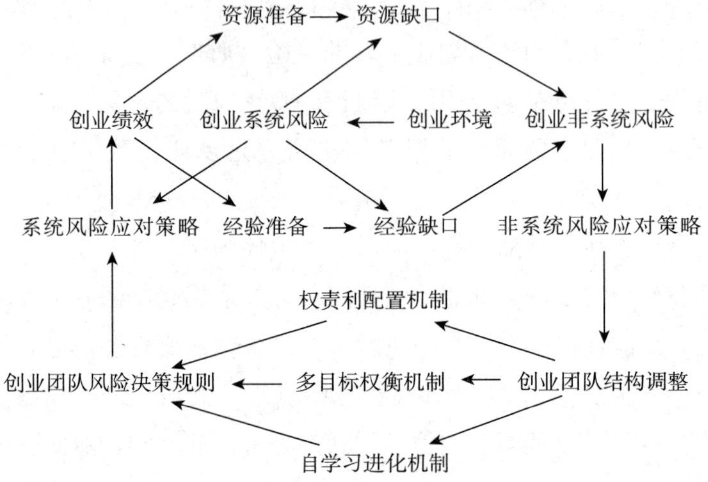

图2-8 创业团队风险决策的适应性过程

（1）受创业环境的影响，创业活动遭遇着政治风险、经济风险、社会风险和科技风险等系统风险的干扰。在这些外部干扰的作用下，先期准备的资源和经验会暴露出一些不适应环境的问题。具体表现在：①先期准备的资源不足以应对现有的创业环境，形成资源缺口；②先期准备的经验不足以应对现有的创业环境，形成经验缺口；③先期准备的资源或经验超额，应对现行的创业环境绰绰有余，会形成资源富余、经验富余等沉没成本。由此，先期准备的资源和经验是否充足是创业团队应对系统风险的结果。创业团队基于已经感知到的创业系统风险，从已经取得的创业业绩中提取部分资源和经验予以储备。所以，创业系统风险从两条路径影响着创业活动的开展：①前一周期的创业系统风险感知影响创业团队的创业系统风险应对策略研究，特别是影响创业资源和经验储备决策；②现阶段的创业系统风险影响着当期创业资源和经验的消耗。这两者之间可能存在偏差，形成资源缺口、经验缺口、机会成本等问题，这些是形成创业非系统风险的根源。

（2）在创业过程中，资源缺口或经验缺口的存在会引发生产、市场、财务、管理、人员等非系统性创业风险。在这些非系统性风险的干扰作用下，创业的绩效会偏离目标。资源富余或经验富余在短期内不会影响创业活动的开展，但是如果长期存在资源富余或经验富余，创业团队结构将会固化，形成权力结构的锁定、技能结构的锁定和角色结构的锁定。在这种背景下，创业团队的开放性将会弱化，创业团队的活力、创新性将会降低，这既不利于创业团队结构的可持续优化，也不利于创业活动的可持续发展。在非系统性创业风险的影响下，创业团队寻求应对策略，以消除资源缺口或经验缺口。在该过程中，创业团队的结构会发生微小调整或巨大调整。创业团队结构的微调是指创业团队内创业者之间关系结构发生微小的变化；创业团队结构的重大调整是指创业团队出现新创业者的加入或部分创业者的退出，这对创业活动的影响是显著的。所以，创业非系统性风险应对策略研究是创业团队风险决策的重要内容，其主旨是探究消除创业过程中资源缺口和经验缺口的方法。当资源缺口或经验缺口的消除方法被实施时，会引发创业团队结构的变化。

（3）创业团队结构的微调，会引发创业团队权责利配置机制、多目标权衡机制和自学习进化机制的变迁。创业团队结构的重大调整，会引发创业团队权责利配置机制、多目标权衡机制和自学习进化机制再造。在创业团队中，创业团队权责利配置机制、多目标权衡机制和自学习进化机制共同形成了创业团队的风险决策规则，后者是影响创业系统风险应对决策的重要因素，如式（2－1）所示。

$$S_{t+1} = F(S_t, \varepsilon) \tag{2-1}$$

式中：S_t 为 t 时刻创业团队对创业绩效状态的认知；ε 为 t 时刻创业团队感受到的外部干扰，即创业系统风险感知；F 为创业团队风险决策规则。

所以，创业系统风险应对决策是以创业团队绩效状态感知、创业系统风险感知为依据展开的。

创业团队风险决策规则 F 是创业团队权责利配置机制 F_1、多目标权衡机制 F_2 和自学习进化机制 F_3 的函数，如式（2－2）所示。

$$F = f(F_1, F_2, F_3) \tag{2-2}$$

所以，创业团队风险决策机制是一个复杂的适应性系统，创业团队风险决策旨在探究应对创业系统风险、非系统风险的策略。创业团队在应对创业系统风险过程中完成创业资源和创业经验的准备。创业活动开展过程中，创业团队利用储备的创业资源和经验应对新形势下的创业环境，在这个过程中可能形成资源缺口、经验缺口、资源富余或经验富余，从而滋生创业非系统风险。以创业团队为例应对非系统风险，采取一些措施调整创业团队结构，在这一过程中会形成新的创业团队权责利配置机制、多目标权衡机制及自学习进化机制，这些机制共同构成了创业团队风险决策规则。后者影响创业系统风险的应对决策，导致创业资源、经验储备发生变化。

2.4.3 创业团队风险决策的协同进化观

在创业团队风险决策过程中，受团队作用机制的影响，创业者的适应性决策行为具有内在关联性、相互影响性及彼此促动性，这些特征需要利用“协同进化”的理论来解释。

2.4.3.1 创业团队风险决策的协同进化内涵

“协同进化”（Co－evolution）最早由 Ehrhich 和 Raven 于 1964 年正式提出，用以阐述生物演化历程中的相互关系。该理论认为一个物种的性状作为对另一个物种性状的反应而进化，而后一个物种的这一性状本身又是对前一物种的反应的进化。如今，生物学上的协同进化概念越来越多地被引入社会科学中，用以描述主体之间相互影响的关系，从而在“协同进化”概念上形成新的理解：协同进化是两个（或多个）存在因果关系的主体通过各自的变异相互选择、共同发展，以共同维持系统“适配度”的过程。这种“适配度”是演化主体相互选择的结果（Siggelkow，2002）。

在群落生态中，有一个非常重要的基本原理：一个物种的进化可能会改变作用于其他生物的选择压力，从而引起其他生物的适应性变化，而这种变化将会引起相关物种的进一步变化。两个或多个组织的自身进化常常相互影响，就形成了一个互相作用的协同进化系统。创业团队也是一个协同进化系统。在该系统中，创业者在合作与竞争中通过功能耦合共同发展各自的技能、资源、精神以实现协同发展。这既是创业团队形成、发展的基础，也是创业团队进化的目标。于是，与创业团队组建同步的创业团队风险决策也受到创业团队中的协同进化机理的影响，呈现协同进化的特征。

2.4.3.2　创业团队风险决策中的协同行为

创业者为了实现其创业目标，选择合作创业是常见的策略。基于该策略，一些协同行为必然存在并影响着创业团队的组建、发展及创业决策。所以，创业团队风险决策过程中存在一些典型协同行为，主要表现在以下三个方面。

（1）关系协作。创业团队组建初期，多以亲属、朋友关系为基础组建而成。所以，创业团队是以关系为基础的联盟体，于是，关系协作存在于创业团队之中，并影响着创业团队风险决策。其对创业团队风险决策的影响主要体现在：①关系作为一种重要的资源，补充了创业资源缺口；②关系的亲疏使决策过程中相互的合作程度各异；③关系的亲密度使决策过程中感性成分增加、理性成分减少；④决策过程中的关系合作程度会随着创业团队的扩充而被稀释；⑤创业的持续开展既可能导致合作关系减弱，也可能导致合作关系增强；⑥关系的亲疏演化会使决策模式锁定，形成固定的共享心智；⑦关系常作为策略，成为影响团队决策的重要变量。

（2）资源共享。一定的创业资源是创业得以实施的基础，当存在资源缺口时，选择合作创业是重要举措。所以，有效的创业资源供给是选择创业合作伙伴的重要依据。在选择创业合作伙伴的过程中，创业资源将在团队内再配置；随着创业团队结构的优化，创业资源的配置更趋科学、合理，资源共享程度将逐步提高，并影响着创业团队风险决策。其影响主要体现在：①资源供给的有效性、充足性将影响合作伙伴的选择；②资源价值与其索取成本的权衡将使创业决策更趋复杂；③资源配置的博弈使创业决策中包含着竞争与合作的成分；④信息资源的共享程度将影响创业决策的质量。

（3）能力互补。一定的创业能力是推进创业实施的前提，当存在能力缺口时，寻找合作伙伴是解决能力缺口的唯一有效措施。为此，选择能力互补型合作伙伴成为创业决策的重要内容。在创业合作伙伴的搜寻过程中，创业团队的创业能力将不断优化，这种优化将影响创业团队风险决策，其影响主要体现在：①能力的有效性、努力程度的隐含性使创业决策更趋复杂；②能力与资源的权衡使创业决策只有次优结果，而没有最优结果；③能力实施的激励使创业决策内容更加丰富；④权责利配置使创业决策中包含着竞争与合作的成分；⑤能力的认同与崇拜使创业决策权扭曲。

2.4.3.3 创业团队风险决策中的协同效应

在创业团队风险决策过程中，关系协作、资源共享和能力互补等协同行为的实施，使创业团队内的竞合局面得以改变，以致创业团队风险决策呈现一定的协同现象。具体包括以下三个方面。

(1) 风险分担。在创业团队风险决策中，一些重要的决策体现了风险分担的内涵、提高了风险分担的程度、优化了风险分担的科学性，那么，创业团队风险决策就展现了协同效应。

(2) 利益共享。在创业团队风险决策中，一些重要的决策体现了利益共享的内涵、优化了利益共享的机制、提高了利益共享的公平性，那么，创业团队风险决策就展现了协同效应。

(3) 共享心智。在创业团队风险决策中，一些重要的决策维护了团队关系、促进了成员合作、改善了决策的一致性，那么，创业团队在其风险决策中就形成了共享心智，并展现了协同效应。

在创业团队风险决策过程中，关系是创业团队组建的基础，资源和能力是创业团队组建的条件，三者共同影响着创业团队的组建，并成为创业团队风险决策中协同行为的基础。于是，诸如关系协作、资源共享、能力互补的协同行为并存在创业团队风险决策之中，使创业团队风险决策向风险分担、利益共享、共享心智的目标和趋势演化（见图 2-9）。

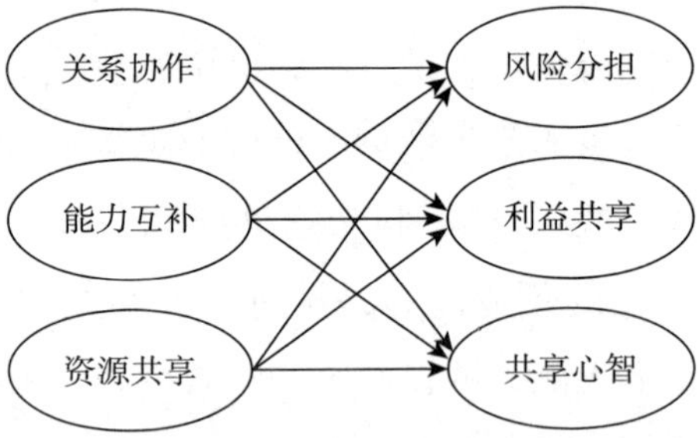

图 2-9 创业团队风险决策中的协同进化模型

第3章　创业团队风险决策的权责利配置机理

3.1　创业团队风险决策过程中的决策权分布

3.1.1　创业团队风险决策过程中的权力扭曲效应

创业具有高风险性，团队创业由于其具有风险分摊机制而成为当今创业的主要模式（姬海君，2008）。创业团队中的各创业者一般是理性个体，都有自己的价值目标和利益追求，因此创业团队风险决策不可能是个体的独断性决策，而是多主体的群体决策。群体决策一直是学术界研究的热点，在群体决策的组织行为方面，成员之间决策权的分配是决策群体结构的一个焦点问题。权力不仅影响决策者的决策行为，而且影响决策的结果。因此，决策权分布深受学者的关注。姬海君（2008）研究了征地过程中的决策的配置；林旭东（2005）研究了企业集团内部的决策权分配；张立等人（2005）研究了高科技创业企业融资中的决策权配置。但鲜有学者研究创业团队风险决策过程中的决策权分布，其却是创业团队风险决策过程中的一个重要问题（Forbes，等，2006）。

在创业团队组建过程中，都会探讨到决策权分布、决策规则等问题。在创业团队中，决策权常常是以股权比例为依据进行分配的。这种权力分配方式有利于激发创业投资、保障创业资源投入。在此，把以股权比例为依据所分配的决策权称为法人决策权。法人决策权及其分布是创业团队形成的主要标志，在创业团队风险决策过程中起着重要作用，特别是对创业团队的稳定性和可持续性、提高决策风险责任感具有非常重要的意义，是一个创业团队成功的关键。

但是，在创业团队风险决策过程中，创业团队内各主体的实际决策权分布是与决策过程中各主体的决策贡献度密切相关的；并非与法人决策权分布相吻合，即创业团队内各主体的决策权比例不与股权比例相当。这表明创业团队风险决策过程中分布的法人决策权常常被扭曲，在此，把这种现象称为创业团队风险决策过程中的决策权扭曲效应。导致这种现象的根本原因是创业团队风险决策过程中存在合作博弈。各主体作为创业团队中的一员，需要顾及创业团队的整体利益；但又是理性“经济人”。为此，创业者会在创业团队风险决策过程中为取得更多的自身利益而进行相互博弈。在相互博弈的过程中，创业团队内的各主体一方面会进行独立的创业决策；另一方面会进行结盟决策，以确保在博弈中占优、在决策中取胜。因此，在合作博弈影响下，在决策过程中各主体的贡献度将不再只与其股权比例相关，还与其联盟策略及创业团队的决策规则相关。在创业团队风险决策过程中，对于“结盟”者，其决策权势必增加；对于“未结盟或未成功结盟”者，其决策权势必减小，以致创业团队的法人决策权分布被扭曲。为此，在创业团队风险决策过程中常常有下述现象。

（1）关键的少数常常能左右群体决策结果。在群体决策中，当决策结果出现势均力敌的两个或多个决策时，部分“第三势力”将对决策结果起到关键作用，哪怕其决策权非常之小，其仍能左右群体的最终决策，在决策中发挥着“临门一脚”的功效，从而被称为“关键的少数”。

（2）重要的多数一般能影响群体决策过程。在群体决策中，拥有法人决策权较大的个体，在群体决策过程中常常有威慑作用，特别是在 go - no - go 决策或其法人决策权占绝对优势时，其重要性更加明显。在这种情形中，这类决策者被称为“重要的多数”，其能影响群体决策的过程。

所以，在创业团队风险决策过程中，法人决策权常常被扭曲，合作博弈是其形成的根源（陈刚，谢科范，2010）。

3.1.2 创业团队风险决策中的决策权分布模型

关于决策权的合作博弈扭曲效应，张道武等人（2003）运用 Shapley 值已进行了相关研究，认为群体决策往往采用投票表决方式和少数服从多数的民主决策原则。于是，一个群决策问题可以标准化为一个带权的合作博弈（N，V），如式（3-1）所示：

$$N = \{1,2,\cdots,n\},\quad [p_i \mid p_1,p_2,\cdots,p_n]$$

$$v(s) = \begin{cases} 1, & \sum\limits_{i \in S} p_i \geqslant q \\ 0, & 其他, \forall S \subseteq N \end{cases} \quad (i = 1,2,\cdots,n) \tag{3-1}$$

式中：q 为群体表决时提案通过的某个给定票数标准；p_1，p_2，…，p_n 为群体决策过程中每个主体各自有权投出的票数。

对于创业团队而言，各个主体有权投出的票数是依据股权比例分配的。

合作博弈（N,V）表示：n 个局中人进行合作博弈决策，当同意的票数超过规定票数 q 时，表决通过，决策提案生效；否则，决策提案被否决。在合作博弈（N,V）中，N 的任一子集 S（表示 n 人集合中的任一组合）都对应着特征值函数 $\nu(S)$，满足：$v(\varnothing)=0$；$v(S_1 \cup S_2) \geqslant v(S_1)+v(S_2)$。其中，$S_1 \cap S_2 = \varnothing$，$S_1,S_2 \subseteq N$。

关于创业团队风险决策中的合作博弈（N,V），可以利用 Shapley 值法进行分析，创业团队内各个主体的 Shapley 值可表示为

$$\phi_i(\nu) = \sum_{S \subset S_i} \frac{(n-|S|)!\ (|S|-1)!}{n!}[v(S)-v(S/i)]\quad (i=1,2,\cdots,n) \tag{3-2}$$

式中：$\phi_i(\nu)$ 为在合作博弈（N,V）下第 i 个主体的 Shapley 值；$v(S)$ 为子集 S 的权益；$v(S/i)$ 为子集 S 中除去主体 i 后可取得的权益，$[v(S)-v(S/i)]$ 为主体 i 与 S/i 结盟的权益贡献。

在创业团队风险决策过程中，$[v(S)-v(S/i)]$ 为创业团队内主体 i 与其他"子联盟" S/i 结盟对确保提案通过所做的贡献。在不同情形下，主体 i 与"子联盟" S/i 结盟对决策的贡献是不同的。

（1）当 $q > \sum\limits_{j \in S} p_j > \sum\limits_{j \in S/i} p_j$ 时，子联盟 S 和 S/i 的联盟策略都不能确保提案被通过，但主体 i 与"子联盟" S/i"结盟"会提高提案通过的概率。所以，主体 i 与"子联盟" S/i"结盟"对创业团队决策的贡献 $[v(S)-v(S/i)]$ 可用下列关系描述：在能确保提案通过的策略集 S/i 中，因结盟 S 而使提案通过的概

率。这个概率越大，表明主体 i 与“子联盟” S/i“结盟”对促进提案通过所做的贡献越大；反之，则越小。具体如式（3－3）所示：

$$\nu(S)-\nu(S/i)=\frac{|S\subseteq|}{|S/i\subseteq|} \tag{3-3}$$

式中：$|S\subseteq|$ 为全集 N 中包含子集 S 且满足 $q\leqslant\sum_{j\in S}p_j$ 的子集数；$|S/i\subseteq|$ 为全集 N 中包含子集 S/i 且满足 $q\leqslant\sum_{j\in S/i}p_j$ 的子集数。

式（3－3）表明，在包含联盟策略 S/i 且能确保提案通过的结盟策略中，联盟策略 S 确保提案通过的策略数比例。

（2）当 $\sum_{j\in S}p_j\geqslant q>\sum_{j\in S/i}p_j$ 时，子集 S/i 的联盟策略不能确保提案通过，而子集 S 的联盟策略能确保提案通过。这说明主体 i 在决策中起到关键作用，其在投票表决过程中具有“临门一脚”的功效。当成员 i 与 S/i“结盟”时，提案一定通过；反之，提案一定不能通过。所以，主体 i 与 S/i“结盟”过程中，对于创业团队风险决策的贡献是最大的，可以约定为 1，即

$$\nu(S)-\nu(S/i)=1 \tag{3-4}$$

（3）当 $q\leqslant\sum_{j\in S/i}p_j<\sum_{j\in S}p_j$ 时，子集 S/i 的联盟策略能确保提案通过，子集 S 的联盟策略并不能改变决策结果。这说明主体 i 在决策中的贡献较弱。当成员 i 与 S/i“结盟”时，提案可以通过；反之，提案也能通过，其并没有改变决策结果。而且，在 S/i“结盟”策略中存在能确保提案通过的“子结盟”策略越多，主体 i 在与 S/i“结盟”对创业团队决策的贡献越小。因此，这种贡献可表示为

$$\nu(S)-\nu(S/i)=\frac{|\subseteq S|-|\subseteq S/i|}{|\subseteq S|} \tag{3-5}$$

式中：$|\subseteq S/i|$ 为“包含于”子集 S/i 中满足 $q\leqslant\sum_{j\in S/i}p_j$ 的子集数；$|\subseteq S|$ 为“包含于”子集 S 中满足 $q\leqslant\sum_{j\in S}p_j$ 的子集数。

式（3－5）表明，主体 i 与 S/i“结盟”所增加的提案通过结盟策略率。

综上而言，主体 i 与 S/i“结盟”对创业团队决策的贡献 $[\nu(S)-\nu(S/i)]$ 可表示为

$$\nu(S)-\nu(S/i)=\begin{cases}\dfrac{|\subseteq S|-|\subseteq S/i|}{|\subseteq S|}, & q \leqslant \sum\limits_{j\in S/i} p_j < \sum\limits_{j\in S} p_j \\ 1, & \sum\limits_{j\in S} p_j \geqslant q > \sum\limits_{j\in S/i} p_j \quad (i,j=1,2,\cdots,n) \\ \dfrac{|S\subseteq|}{|S/i\subseteq|}, & q > \sum\limits_{j\in S} p_j > \sum\limits_{j\in S/i} p_j\end{cases} \tag{3-6}$$

在创业团队风险决策过程中，各个主体决策权分布的 Shapley 值可联立式（3-2）和式（3-6）求解，假设求解得创业团队内各个主体决策权 Shapley 值分别为

$$\phi(\nu)=[\phi_1(\nu),\phi_2(\nu),\cdots,\phi_n(\nu)] \tag{3-7}$$

此时，$\sum\limits_{i=1}^{n}\phi_i(\nu)\neq 1$。因此，创业团队中各个主体的决策权分布需对式（3-7）进行归一化处理，处理方式为

$$p_i^*=\frac{\phi_i(\nu)}{\sum\limits_{i=1}^{n}\phi_i(\nu)} \tag{3-8}$$

p_i^* 表示创业团队中主体 i 的决策权重，于是，创业团队各个主体决策分布可表示为

$$p^*=(p_1^*,p_2^*,\cdots,p_n^*) \tag{3-9}$$

3.1.3　创业团队风险决策中的权利分布示例

假设在某创业团队中，有 4 个股东。它们在创业团队风险决策过程中分别拥有 5 票、4 票、3 票和 1 票。它们在创业团队风险决策过程中遵循的基本决策规则是：创业团队内任意提案的总票数达到或超过 8 票，则该提案通过；否则，该提案被否决。于是，该创业团队的风险决策过程可表示为：$N=\{1,2,3,4\},[8\mid 5,4,3,1]$。

在创业团队风险决策过程中，4 个股东可能结盟策略（子集）有{1}、{2}、{3}、{4}、{1，2}、{1，3}、{1，4}、{2，3}、{2，4}、{3，4}、{1，2，3}、{1，2，4}、{1，3，4}、{2，3，4}、{1，2，3，4}共 15 种策略。其中，能确保提案被通过的结盟策略有：{1，2}、{1，3}、{1，2，4}、{1，3，4}、{2，3，4}、{1，2，3，4}。

对于股东 $i=1$，与其他股东结盟可形成策略集（子集）{1，2}、{1，3}、

{1, 2, 3}、{1, 2, 4}、{1, 3, 4}，都会使原来不能通过决策的同盟{2}、{3}、{2, 3}、{2, 4}、{3, 4}通过决策。所以，股东方 $i=1$ 在这些结盟策略中至关重要，拥有关键票。因此，股东方 $i=1$ 在这些结盟策略中的重要性都为1；与{∅}、{4}结盟形成子集{1}、{1, 4}，都会使同盟{∅}、{4}提高通过决策的可能性。所以，股东方 $i=1$ 在这些结盟决策中的重要性分别为6/7和3/4。由于原结盟{2, 3, 4}在没有股东 $i=1$ 结盟的情形下，提案也能通过，所以，股东 $i=1$ 在与{2, 3, 4}结盟过程中对创业团队决策没有太大影响。因此，股东 $i=1$ 在该结盟决策中的重要性为6/7。于是，股东 $i=1$ 在创业团队风险决策过程中，决策权 Shapley 值为0.908（见表3-1）。

表3-1　主体 $i=1$ 的联盟决策

S	n	$\omega(\|S\|)$	S/i	$[\nu(S)-\nu(S/i)]$	$\|\underline{S/i}\|,\|\overline{S/i}\|,\|\underline{S}\|,\|\overline{S}\|$	$\|S\|$
{1}	1	1/4	{∅}	6/7	0, 7, 0, 6	0.908
{1, 2}	2	1/12	{2}	1	0, 5, 1, 4	
{1, 3}	2	1/12	{3}	1	0, 5, 1, 4	
{1, 4}	2	1/12	{4}	3/4	0, 4, 0, 3	
{1, 2, 3}	3	1/12	{2, 3}	1	0, 3, 1, 2	
{1, 2, 4}	3	1/12	{2, 4}	1	0, 3, 1, 2	
{1, 3, 4}	3	1/12	{3, 4}	1	0, 3, 1, 2	
{1, 2, 3, 4}	4	1/4	{2, 3, 4}	6/7	1, 2, 7, 1	

同理，在创业团队风险决策过程中，其他股东的决策权 Shapley 值分别为：0.775、0.775 和0.618（见表3-2～表3-4）。利用式（3-9）对决策权Shapley值进行归一化之后，该创业团队中各股东的决策权分布为：(0.295, 0.252, 0.252, 0.201)。

表3-2　主体 $i=2$ 的联盟决策

S	n	$\omega(\|S\|)$	S/i	$[\nu(S)-\nu(S/i)]$	$\|\underline{S/i}\|,\|\overline{S/i}\|,\|\underline{S}\|,\|S\|$	$\|S\|$
{2}	1	1/4	{∅}	5/7	0, 7, 0, 5	0.775
{1, 2}	2	1/12	{1}	1	0, 6, 1, 4	
{2, 3}	2	1/12	{3}	3/5	0, 5, 0, 3	
{2, 4}	2	1/12	{4}	3/4	0, 4, 0, 3	
{1, 2, 3}	3	1/12	{1, 3}	2/3	1, 4, 3, 2	
{1, 2, 4}	3	1/12	{1, 4}	1	0, 3, 1, 2	
{2, 3, 4}	3	1/12	{3, 4}	1	0, 3, 1, 2	
{1, 2, 3, 4}	4	1/4	{1, 3, 4}	5/7	2, 2, 7, 1	

依据决策规则 [8 | 5,4,3,1] 可知，该创业团队中各股东方的决策权分别为 5/13、4/13、3/13 和 1/3。所以，该创业团队内各股东的法定决策权分布为：(0. 385，0. 308，0. 231，0. 077)。

表 3 –3　主体 $i = 3$ 的联盟决策

S	n	$\omega(\|S\|)$	S/i	$[\nu(S) - \nu(S/i)]$	$\|\underline{S/i}\|, \|\overline{S/i}\|, \|\underline{S}\|, \|\overline{S}\|$	$\|S\|$
{3}	1	1/4	{∅}	5/7	0, 7, 0, 5	0. 775
{1, 3}	2	1/12	{1}	1	0, 6, 1, 4	
{2, 3}	2	1/12	{2}	3/5	0, 5, 0, 3	
{3, 4}	2	1/12	{4}	3/4	0, 4, 0, 3	
{1, 2, 3}	3	1/12	{1, 2}	2/3	1, 4, 3, 2	
{1, 3, 4}	3	1/12	{1, 4}	1	0, 3, 1, 2	
{2, 3, 4}	3	1/12	{2, 4}	1	0, 3, 1, 2	
{1, 2, 3, 4}	4	1/4	{1, 2, 4}	5/7	2, 2, 7, 1	

表 3 –4　主体 $i = 4$ 的联盟决策

S	n	$\omega(\|S\|)$	S/i	$[\nu(S) - \nu(S/i)]$	$\|\underline{S/i}\|, \|\overline{S/i}\|, \|\underline{S}\|, \|\overline{S}\|$	$\|S\|$
{4}	1	1/4	{∅}	4/7	0, 7, 0, 4	0. 618
{1, 4}	2	1/12	{1}	3/6	0, 6, 0, 3	
{2, 4}	2	1/12	{2}	3/5	0, 5, 0, 3	
{3, 4}	2	1/12	{3}	3/5	0, 5, 0, 3	
{1, 2, 4}	3	1/12	{1, 2}	1/2	1, 4, 2, 2	
{1, 3, 4}	3	1/12	{1, 3}	1/2	1, 4, 2, 2	
{2, 3, 4}	3	1/12	{2, 3}	1	0, 3, 1, 2	
{1, 2, 3, 4}	4	1/4	{1, 2, 3}	4/7	3, 2, 7, 1	

显然，这里所确定的决策权分布（0. 295，0. 252，0. 252，0. 201）既不同于法定决策权分布（0. 385，0. 308，0. 231，0. 077），也不同于张道武等人（2003）确定的决策权分布（0. 417，0. 292，0. 208，0. 083）。导致前者的主要原因是：因为合作博弈的影响，创业团队内各个主体可以通过自由选择结盟策略以确保自身利益最大化，于是法定决策权分布会因此而被扭曲。导致后者的主要原因是：结盟策略对决策的贡献因形势不同而不同，并不是千篇一律地依据式（3 –1）确定贡献。如果结盟策略对决策的贡献千篇一律地依据

式（3-1）确定，那么在投票决策过程中的“关键少数”将被忽视；“非关键的多数”将被高估。所以，两者在决策权分布研究上存在差别。

创业团队风险决策作为一种群体决策过程，合作博弈是影响团队决策不可回避的因素。这种因素的存在，使创业团队内各个主体的决策权分布背离创业团队组建过程中约定的决策权分布，这是一个实际现象。基于 Shapley 值法的创业团队风险决策中的决策权分布模型能阐释这种现象，并可应用于创业团队内各成员决策权实际分布的研究，是一种研究团队决策的重要方法。但是，该模型只涉及单提案的简单表决条件下的决策权分布，尚未涉及多提案决策条件的决策权分布、适应性决策条件下的决策权分布和多权决策（团队成员不仅拥有赞同权，还有否决权）条件下的决策权分布，这些都需要进一步展开研究。

3.2 创业团队风险决策过程中的风险配置

3.2.1 创业团队风险决策中的风险规避行为

随着经济的全球化、世界经济竞争的加剧、微利经济时代的来临，对商机做出及时快速的反应已经成为当前创业者实现创业成功的必要条件。但是，单个创业者仅靠自身的资源、经验难以满足现实需求，为此，合作创业成为实现创业的重要策略（Cooper，1997）。而且，随着经济的全球化、市场竞争的加剧，创业风险及其危害越发复杂，这也迫使一些创业者从风险分担的视角出发选择合作创业。所以，在合作创业的条件下，创业者能实现有效的资源共享、风险分担，为此，创业者也愿意让渡一定的利益、共享一定的商机以实现合作创业，从而使创业决策演变为创业团队风险决策。

在创业团队风险决策中，由于创业决策与团队组建过程同步、合作与竞争活动并存，从而使创业者的风险规避行为异常复杂。这主要表现在：为了规避风险、减少风险，创业者情愿“抱团取暖”、合作创业；但是，一旦创业团队组建之后，创业者又在团队内推卸责任、回避风险，从而在风险规避行为上形成既合作又竞争的合作博弈关系。这种竞合关系必将影响创业团队的群体风险规避行为，以致群体更趋冒险或更趋保守，特别是当创业团队内个体之间的竞争与合作平衡关系被打破时，这种态势更加明显。例如：在一个缺乏竞争、高度合作的创业团队内，当其管理者的决策权较大时，其冒险的行为风格在群体支持下将更加冒险；在一个高度竞争、缺乏合作的创业团队内，当其决策权分布非常平衡时，团队内冒险的行为将受到遏制以致保守行为更趋明显。所以，在创业团队风险决策过程中，创业者的风险规避行为会引起相互的竞合；但同时创业者之间的竞合关系又会使创业团队风险规避行为被曲解，以致创业团队的风险偏好不再是其创业者风险偏好的算术平均，而是创业者风险偏好动态演化博弈的结果。

3.2.2　创业团队风险决策中的风险配置模型

创业团队运作的核心思想是通过创业者之间的优势互补、资源公用、利益共享、风险共担实现“共赢”的目标。这就需要创业团队在风险决策过程中实现科学的权力配置、合理的风险配置和利益配置。关于创业团队风险决策中的风险配置，其首先属于一个合作博弈问题，该问题的解决关系到整个创业团队的效益及创业决策的质量（谢科范，陈刚，2010）。在风险配置的合作博弈过程中，由于每个创业者都是独立的理性个体，其决策行为都以个体利益最大化、风险最小化为目标；同时，其决策行为需要兼顾群体利益的最大化、风险最小化。因此，风险配置应当既坚持创业者的个体理性，又要符合创业团队的整体理性。为了探究该问题，可引入合作博弈（蒋鹏飞，等，2006）。

设集合 $I=\{1,2,\cdots,n\}$，如果对于团队 I 的任一子集 s（表示 n 个人集合中的任一组合）都对应着一个随机函数 $\nu(s)$，应满足如下条件：

$$P[\nu(\varnothing)\leqslant 0]=1 \tag{3-10}$$

$$E[\nu(s_1\cup s_2)]\geqslant E[\nu(s_1)]+E[\nu(s_2)],s_1\cap s_2=\varnothing \tag{3-11}$$

$$\mathrm{Cov}[\nu(s_1),\nu(s_2)]=0,s_1\cap s_2=\varnothing \tag{3-12}$$

称 $\langle I,\nu\rangle$ 为 n 人合作对策，ν 称为对策的特征函数，它是指不管团队 I 中其余局中人如何行动，子集 s 中各成员相互合作所能达到的最大收入。

用 x_i 表示团队 I 中 i 成员从合作的最大效益 $\nu(I)$ 中应得到的一份收入。在合作 I 的基础上，合作对策的分配用 $\mathbf{x}=(x_1,x_2,\cdots,x_n)$ 表示。显然，该合作成功必须满足如下两个条件：

$$\sum_{i=1}^{n} E(x_i) = E[\nu(I)] \quad (i = 1,2,\cdots,n) \tag{3-13}$$

$$P[x_i \geqslant v(i),(i = 1,2,\cdots,n)] = 1 \tag{3-14}$$

其中，式（3－13）称为总体合理性；式（3－14）称为个体合理性，即个体参加合作后的收益一定大于或等于合作之前的收益。$\phi_i(\nu)$ 表示在合作 I 下第 i 个成员所得的分配，则合作 I 下的各个伙伴所得利益分配的 Shapley 值为

$$\boldsymbol{\phi}(\nu) = [\phi_1(\nu),\phi_2(\nu),\cdots,\phi_n(\nu)]$$

$$\phi_i(\nu) = \sum_{x \in s_i} \omega(|s|)\Big[\nu(s) - \nu(s-i)\Big] \quad (i = 1,2,\cdots,n) \tag{3-15}$$

其中
$$\omega(|s|) = \frac{(n-|s|)!(|s|-1)!}{n!} \tag{3-16}$$

式中：s 为集合 I 中包含成员 i 的所有子集；$|s|$ 为子集 s 中的元素个数；$\omega(|s|)$ 为加权因子；$\nu(s)$ 为子集 s 的效益；$\nu(s-i)$ 为子集 s 中除去成员 i 后可取得的效益。由式（3－15）可知，任意个体所取得效益的期望值为

$$E[\phi_i(\nu)] = \sum_{x \in s_i} \omega(|s|)\Big\{E[\nu(s)] - E[\nu(s-i)]\Big\} \tag{3-17}$$

假设任意个体的结盟决策是独立的，且收益不受其他联盟关系的影响，则

$$COV\Big\{[\nu(s_j) - \nu(s_j - i)],[\nu(s_k) - \nu(s_k - i)]\Big\} = 0 \quad (j \neq k) \tag{3-18}$$

子集 s 的效益 $\nu(s)$ 与子集 s 中除去成员 i 后可取得的效益 $\nu(s-i)$ 是相关的，且相关系数为 ρ_{s-i}^{s}，即

$$\rho_{s-i}^{s} = \frac{COV[\nu(s),\nu(s-i)]}{\sqrt{D[\nu(s)]}\sqrt{D[\nu(s-i)]}} \tag{3-19}$$

$$\begin{aligned} D[\phi_i(\nu)] &= \sum_{x \in s_i}[\omega(|s|)]^2\Big\{D[\nu(s)] + D[\nu(s-i)] - \\ &\quad 2\rho_{s-i}^{s}\sqrt{D[\nu(s)] \cdot D[\nu(s-i)]}\Big\} \\ &= \sum_{x \in s_i}[\omega(|s|)]^2 \cdot D[\nu(s)] + \sum_{x \in s_i}[\omega(|s|)]^2 \cdot \\ &\quad D[\nu(s-i)] - 2\sum_{x \in s_i}[\omega(|s|)]^2\rho_{s-i}^{s}\sqrt{D[\nu(s)] \cdot D[\nu(s-i)]} \end{aligned} \tag{3-20}$$

由式（3－17）~式（3－20）得出任意个体所承受的风险为

$$R_i = \frac{D[\phi_i(\nu)]}{E[\phi_i(\nu)]} \tag{3-21}$$

期望利益完整分配原理：利用不确定性收益分配的 Shapley 值法模型进行风险利益配置时，总体收益能在各创业者中完全分配，即

$$\begin{aligned}\sum_{i=1}^{k} E[\phi_i(\nu)] &= E\left\{\max[\nu(s)]\right\} \\ &= E[\nu(\Omega)]\ (\Omega\text{包含所有个体的集合})\end{aligned} \tag{3-22}$$

证明：
$$\begin{aligned}\sum_{i=1}^{k} E[\phi_i(\nu)] &= E[\phi_1(\nu)] + E[\phi_2(\nu)] + \cdots + E[\phi_k(\nu)] \\
&= \frac{1}{k}E[\nu(1)] + \frac{1}{k(k-1)}\left\{E[\nu(1\cup 2)] - E[\nu(2)]\right\} + \cdots + \\
&\quad \frac{1}{k}\left\{E[\nu(\Omega)] - E[\nu(\Omega-1)]\right\} + \frac{1}{k}E[\nu(2)] + \\
&\quad \frac{1}{k(k-1)}\left\{E[\nu(1\cup 2)] - E[\nu(1)]\right\} + \cdots + \\
&\quad \frac{1}{k}\left\{E[\nu(\Omega)] - E[\nu(\Omega-2)]\right\} + \cdots + \frac{1}{k}E[\nu(k)] + \\
&\quad \frac{1}{k(k-1)}\left\{E[\nu(1\cup k)] - E[\nu(k)]\right\} + \cdots + \\
&\quad \frac{1}{k}\left\{E[\nu(\Omega)] - E[\nu(\Omega-k)]\right\} \\
&= k\cdot\frac{1}{k}E[\nu(\Omega)] = E\left\{\max[\nu(s)]\right\} = E[\nu(\Omega)]\end{aligned}$$

利益方差不完整分配原理：利用不确定性收益分配的 Shapley 值法进行创业团队风险决策中的风险利益配置时，总体收益的方差并未随创业者的收益分配而得到完整分配，即

$$\sum_{i=1}^{k} D[\phi_i(\nu)] \neq D\left\{\max[\nu(s)]\right\} = D[\nu(\Omega)] \tag{3-23}$$

证明：对于式（3－23），可以利用特例法进行证明。假设创业团队中只有两个创业者，那么，各创业者分配利益的方差与团队收益的方差满足下述关系：

$$\sum_{i=1}^{2} D[\phi_i(\nu)] = D[\phi_1(\nu) + \phi_2(\nu)]$$

$$= \left(\frac{1}{2}\right)^2 D[\nu(1)] + \left(\frac{1}{2}\right)^2 \Big\{D[\nu(1 \cup 2)] + D[\nu(2)] -$$

$$2\rho_2^{1\cup 2} \sqrt{D[\nu(1 \cup 2)]D[\nu(2)]}\Big\} + \left(\frac{1}{2}\right)^2 D[\nu(2)] +$$

$$\left(\frac{1}{2}\right)^2 \Big\{D[\nu(1 \cup 2)] + D[\nu(1)] - 2\rho_1^{1\cup 2} \sqrt{D[\nu(1 \cup 2)]D[\nu(1)]}\Big\}$$

$$= \frac{1}{2}\Big\{D[\nu(1)] + D[\nu(1 \cup 2)] + D[\nu(2)] -$$

$$\rho_2^{1\cup 2} \sqrt{D[\nu(1 \cup 2)]D[\nu(2)]} - \rho_1^{1\cup 2} \sqrt{D[\nu(1 \cup 2)]D[\nu(1)]}\Big\}$$

$$\neq D[\nu(1 \cup 2)]$$

因此，对于两人组成的创业团队，创业团队的总体收益方差不能完全分配给各创业者的分配收益之中。对于一般创业团队而言，这种规律同样存在。

由式（3－22）~式（3－23），可知

$$\sum_{i=1}^{k} R_i = \sum_{i=1}^{k} \frac{D[\phi_i(\nu)]}{E[\phi_i(\nu)]} \neq \frac{D\left\{\max[\nu(s)]\right\}}{E\left\{\max[\nu(s)]\right\}} = R[\nu(\Omega)] \quad (3-24)$$

式（3－24）说明，利用不确定性收益分配的 Shapley 值法进行创业团队风险决策过程中的收益配置时，不能将创业风险完整地分配到各创业者的收益中去。为解决这个问题，可进行等比例化处理，处理思路为：设 λ 为风险等分率，那么，在创业团队中每个创业者分配的风险可表示为

$$R = (\lambda R_1, \lambda R_2, \cdots, \lambda R_n) \quad (3-25)$$

其中

$$\lambda = \frac{R[\nu(\Omega)]}{\sum_{i=1}^{k} R_i}$$

显然，式（3－25）能将创业团队的创业风险完整地配置到各创业者的收益中去。

3.2.3 创业团队风险决策中的风险配置算例

设有甲、乙、丙三个创业者发现同一商机，对于该商机，如果三者独立创

业，则各自获利分别服从正态分布 $N(1\ 200,200)$、$N(3\ 000,600)$ 和 $N(2\ 000,400)$；如果甲和乙两者联合创业，则获利服从正态分布 $N(7\ 500,1\ 000)$；如果甲和丙两者联合创业，则获利服从正态分布 $N(5\ 500,700)$；如果乙和丙两者联合创业，则获利服从正态分布 $N(6\ 000,800)$；如果甲、乙、丙三者联合创业，则获利服从正态分布 $N(14\ 400,1\ 200)$。经过专家评价，认定一些创业结盟模式的利益存在相关性，主要有：甲和甲、乙联合创业存在收益相关性，相关系数为 $\rho_1^{1\cup 2}=0.2$；甲和甲、丙联合创业存在收益相关性，相关系数为 $\rho_1^{1\cup 3}=0.18$；甲和甲、乙、丙联合创业存在收益相关性，相关系数为 $\rho_1^{1\cup 2\cup 3}=0.32$；乙和甲、乙联合创业存在收益相关性，相关系数为 $\rho_2^{1\cup 2}=0.12$；乙和乙、丙联合创业存在收益相关性，相关系数为 $\rho_2^{2\cup 3}=0.08$；乙和甲、乙、丙联合创业存在收益相关性，相关系数为 $\rho_2^{1\cup 2\cup 3}=0.27$；丙和甲、丙联合创业存在收益相关性，相关系数为 $\rho_3^{1\cup 3}=0.12$；丙和乙、丙联合创业存在收益相关性，相关系数为 $\rho_3^{2\cup 3}=0.25$；丙和甲、乙、丙联合创业存在收益相关性，相关系数为 $\rho_3^{1\cup 2\cup 3}=0.3$；其他创业结盟方式之间利益无关。

将该创业团队记为 $U=\{1,2,3\}$，三者投资额记为 $I=\{2\ 000,3\ 500,2\ 500\}$，三者独立创业获利记为 $\nu(1)\sim N(1\ 200,200)$，$\nu(2)\sim N(3\ 000,600)$，$\nu(3)\sim N(2\ 000,400)$。创业者甲参与的决策联盟有 $T_1=\{1,1\cup 2,1\cup 3,1\cup 2\cup 3\}$，并且 $\nu(1\cup 2)\sim N(7\ 500,1\ 000)$，$\nu(1\cup 3)\sim N(5\ 500,700)$，$\nu(1\cup 2\cup 3)\sim N(14\ 400,1\ 200)$，$\nu(2\cup 3)\sim N(6\ 000,800)$。依据式（3-15）可以确定甲、乙、丙三者收益分配服从 $\phi_1(\nu)\sim N(4\ 533.333,235.870)$，$\phi_2(\nu)\sim N(5\ 683.300,283.958)$，$\phi_3(\nu)\sim N(4\ 183.330,267.631)$。

依据式（3-17）可以确定甲、乙、丙三者分配的期望收益分别为 $E[\phi_1(\nu)]=4\ 533.333$，$E[\phi_2(\nu)]=5\ 683.300$，$E[\phi_3(\nu)]=4\ 183.330$。

依据式（3-20）可以确定甲、乙、丙三者分配的收益方差分别为 $D[\phi_1(\nu)]=235.870$，$D[\phi_2(\nu)]=283.958$，$D[\phi_3(\nu)]=267.631$。

依据式（3-21）可以确定甲、乙、丙三者承担的风险分别为 $R[\phi_1(\nu)]=0.052\ 031$，$R[\phi_2(\nu)]=0.049\ 963$，$R[\phi_3(\nu)]=0.063\ 975$。

$\nu(1\cup 2\cup 3)\sim N(14\ 400,1\ 200)$，那么由甲、乙、丙三者组成的创业团队承担的风险为：$R[\nu(\Omega)]=0.083\ 33$。显然，$R[\nu(\Omega)]<R[\phi_1(\nu)]+R[\phi_2(\nu)]+$

$R[\phi_3(\nu)] = 0.165\ 97$。那么，甲、乙、丙三者承担的风险需进行等分处理，风险等分率为

$$\lambda = \frac{0.083\ 33}{0.165\ 97} = 0.502$$

则甲、乙、丙三者分别承担的实际风险分别为：$R_1 = 0.026\ 12$，$R_2 = 0.025\ 00$，$R_3 = 0.032\ 10$。由此可知，在该创业团队中，丙承担的风险最大，其次是乙和甲（见表3-5~表3-7）。

表3-5　创业者甲的收益计算

分配模型	不同合作状态下的收益			
	1	1∪2	1∪3	1∪2∪3
$\nu(T)$	N（1 200，200）	N（7 500，1 000）	N（5 500，700）	N（14 400，1 200）
$\nu(T-1)$	0	N（3 000，600）	N（2 000，400）	N（6 000，800）
ρ_{T-1}^{T}	1	0.2	0.18	0.32
$\nu(T)-\nu(T-1)$	N（1 200，200）	N（4 500，1 290.160）	N（3 500，909.506）	N（8 400，1 372.931）
$\|t\|$	1	2	2	3
$W(\|t\|)$	1/3	1/6	1/6	1/3
$W(\|t\|)[\nu(T)-\nu(T-1)]$	N（400，22.222）	N（750，35.838）	N（583.330，25.264）	N（2 800，152.550）

表3-6　创业者乙的收益计算

分配模型	不同合作状态下的收益			
	2	1∪2	2∪3	1∪2∪3
$\nu(T)$	N（3 000，600）	N（7 500，1 000）	N（6 000，800）	N（14 400，1 200）
$\nu(T-1)$	0	N（1 200，200）	N（2 000，400）	N（5 500，700）
ρ_{T-1}^{T}	1	0.12	0.08	0.27
$\nu(T)-\nu(T-1)$	3 000	6 300	4 000	8 900
$\|t\|$	1	2	2	3
$W(\|t\|)$	1/3	1/6	1/6	1/3
$W(\|t\|)[\nu(T)-\nu(T-1)]$	N（1 000，66.670）	N（1 050，30.350）	N（666.670，30.820）	N（2 966.667，156.120）

表 3－7　创业者丙的收益计算

分配模型	不同合作状态下的收益			
	3	1 ∪ 3	2 ∪ 3	1 ∪ 2 ∪ 3
$\nu(T)$	N（2 000，400）	N（5 500，700）	N（6 000，800）	N（14 400，1 200）
$\nu(T-1)$	0	N（1 200，200）	N（3 000，600）	N（7 500，1 000）
ρ_{T-1}^{T}	1	0.12	0.25	0.3
$\nu(T)-\nu(T-1)$	N（2 000，400）	4 300	3 000	6 900
$\lvert t\rvert$	1	2	2	3
$W(\lvert t\rvert)$	1/3	1/6	1/6	1/3
$W(\lvert t\rvert)[\nu(T)-\nu(T-1)]$	N（666.667，44.440）	N（716.667，22.5）	N（500，29.266）	N（2 300，171.4）

所以，创业团队的风险配置是维系创业团队稳定的重要内容之一，直接影响到创业团队的团结和绩效，继而影响创业活动的成败。在此，将 Shapley 值法的对策特征函数 ν 由确定数改为随机数。利用这种改进的合作博弈的Shapley值模型来分配风险责任和风险利益，一方面可以提升创业团队合作的积极性，另一方面也使创业团队风险决策的风险责任和风险利益的分配更加合理。

3.3　创业团队风险决策过程中的利益配置

3.3.1　创业团队风险决策中的利益追逐行为

在创业团队风险决策过程中，合作伙伴的选择是其重要内容之一，它影响着创业团队的组建和发展。后者反过来影响创业团队风险决策。于是，创业团队风险决策和创业团队组建交互影响，以致创业团队风险决策是一个非常复杂的、动态的、进化的群体决策过程。

对于一个创业者而言，其之所以甘愿让渡一些利益、共享一定商机，是因为通过合作创业能够实现资源共享、风险分担，即合作伙伴能为创业者提供稀缺的资源、分担创业风险。这也是创业者选择创业合作伙伴的考察依据。在创业过程中，投资、技术和市场等都是非常重要的创业资源（Jeffrey，2006）。近年来，风险资本和私人投资在创业中仍然扮演着重要的角色（Sanford，等，1994）。因此，投资贡献度是影响创业合作伙伴选择的重要因素。为了简化研究，在此仅考虑该因素。于是，一个潜在创业合作伙伴的贡献度可表示为

$$\eta_{s-i\to i}=\begin{cases}0, & c(i)\geqslant c_0\\ 1-\dfrac{c_0-c(s)}{c_0-c(i)}, & c(i)<c_0,c(s)<c_0\\ 1, & c(i)<c_0,c(s)\geqslant c_0\end{cases}\tag{3-26}$$

$$\eta_{i\to s-i}=\begin{cases}0, & c(s-i)\geqslant c_0\\ 1-\dfrac{c_0-c(s)}{c_0-c(s-i)}, & c(s-i)<c_0,c(s)<c_0\\ 1, & c(s-i)<c_0,c(s)\geqslant c_0\end{cases}\tag{3-27}$$

式中：$\eta_{s-i\to i}$ 为子联盟 $s-i$ 对于创业者 i 的贡献度；$\eta_{i\to s-i}$ 为创业者 i 对于子联盟 $s-i$ 的贡献度；c_0 为一个创业项目的最少投资；$c(i)$、$c(s-i)$ 和 $c(s)$ 分别为创业者 i、子联盟 $s-i$ 和联盟 s 的投资。

在此，联盟 s 包括创业者，但子联盟 $s-i$ 中不包括创业者 i。

在创业合作伙伴的选择过程中，随着潜在合作伙伴的贡献度增加，其被选为合作伙伴的可能性越大。但是，当其贡献度非常小时，其被选为合作伙伴的可能性增幅将不及其贡献度的增幅；当其贡献度很大时，其被选为合作伙伴的可能性增幅将大于其贡献度的增幅。所以，创业合作伙伴的选择遵从前景理论的一些规律（Kahneman，Tversky，1979）。另外，可考虑的潜在合作伙伴数也会影响其被选择的概率。当多个潜在合作伙伴的贡献度大于1时，任意对象被选为合作伙伴的可能性都会降低。于是，一个潜在合作伙伴被选为创业合作者的可能性满足式（3－28）和式（3－29）。

$$P_{0,i\to s-i}=\begin{cases}0, & c(i)\geqslant c_0\\ \dfrac{(\eta_{i\to s-i})^{\delta}}{[(\eta_{i\to s-i})^{\delta}+(1-\eta_{i\to s-i})^{\delta}]^{\frac{1}{\delta}}}, & c(i)<c_0,c(s)<c_0\\ \dfrac{1}{m}, & c(i)<c_0,c(s)\geqslant c_0\end{cases}\tag{3-28}$$

$$P_{0,s-i\to i}=\begin{cases}0, & c(s-i)\geqslant c_0\\ \dfrac{(\eta_{s-i\to i})^{\delta}}{[(\eta_{s-i\to i})^{\delta}+(1-\eta_{s-i\to i})^{\delta}]^{\frac{1}{\delta}}}, & c(s-i)<c_0,c(s)<c_0\\ \dfrac{1}{m}, & c(s-i)<c_0,c(s)\geqslant c_0\end{cases}\tag{3-29}$$

式中：$P_{0,i\to s-i}$ 为子联盟 $s-i$ 选择创业者 i 为合作伙伴的可能性；$P_{0,s-i\to i}$ 为创业者 i 选择子联盟 $s-i$ 为合作伙伴的可能性；m 为满足式（3－29）中条件 $c(i)<c_0,c(s)\geqslant c_0$ 或满足式（3－28）中条件 $c(s-i)<c_0,c(s)\geqslant c_0$ 的可能性；$\delta=0.69$ 为前景理论中的损失系数（Tversky，Kahneman，1986）。

在创业合作伙伴的选择过程中：一方面有商机的创业者选择合作伙伴；另一方面潜在合作伙伴也会考虑是否与该创业者合作。只有双方都有合作意愿时，才有结盟形成创业团队的可能性。对于潜在合作伙伴，其是否愿意与有商机的创业者合作，取决于后者是否给予更多的利益。所以，利益配置和投资贡献度是影响合作创业的重要因素，也是影响创业团队组建的重要因素。两者在创业合作过程中必须经过反复权衡。于是，利益配置对于创业团队风险决策是非常重要的。

在创业者 i 和子联盟 $s-i$ 展开合作磋商的过程中，当 $\nu(s)-\nu(s-i)\geqslant x_i^s\geqslant\nu(i)$ 时，创业者 i 从联盟 s 中配置的利益 x_i^s 越大，其愿意与子联盟 $s-i$ 合作的意愿 $P_{i\to s-i}$ 越高；相反，子联盟 $s-i$ 从联盟 s 中配置的利益 $\nu(s)-x_i^s$ 越小，其愿意与创业者 i 合作的意愿 $P_{s-i\to i}$ 越低。因此，x_i^s 与 $P_{i\to s-i}$ 正相关，与 $P_{s-i\to i}$ 负相关。为此，可以假设：

$$x_i^s=a+k_i\cdot P_{i\to s-i}-k_{s-i}\cdot P_{s-i\to i}\tag{3-30}$$

式中：k_i 和 k_{s-i} 为创业者 i 和子联盟 $s-i$ 的利益敏感系数（$k_i,k_{s-i}>0$）。

如果创业者 i（或子联盟 $s-i$）对利益非常敏感，那么利益的稍微变动，都会引起其警惕，并调整其创业合作策略。于是，其利益敏感系数将非常小。反之，如果创业者 i（或子联盟 $s-i$）对利益很不敏感，其利益敏感系数将非常大。通常，每个创业者对利益的敏感性各不相同，但为了简化研究，在此假设

$$k_i=k_{s-i}=k\tag{3-31}$$

当 $x_i^s > \nu(s) - v(s-i) > v(i)$ 时，对于子联盟 $s-i$，$v(s-i) > \nu(s) - x_i^s$ 意味着单独创业的收益大于与创业者 i 合作的收益。于是，子联盟 $s-i$ 将不会与创业者 i 合作，即 $P_{s-i\to i} = 0$；对于创业者 i，$x_i^s > \nu(s) - v(s-i) > v(i)$，于是，其通过与子联盟 $s-i$ 合作能获得最大的利益，以致其有与子联盟 $s-i$ 合作的最高合作意愿，即 $P_{i\to s-i} = 1$。因此，假设

$$x_i^s = \nu(s) - \nu(s-i) \to P_{i\to s-i} = 1, P_{s-i\to i} = 0 \tag{3-32}$$

当 $x_i^s < \nu(i)$ 时，对于创业者 i，其单独创业的收益大于与其他个体合作的收益，于是其将不会有兴趣与子联盟 $s-i$ 合作，即 $P_{i\to s-i} = 0$；对于子联盟 $s-i$，其能通过与创业者 i 合作获得最大的利益 $\nu(s) - x_i^s$，于是，其与创业者 i 合作的意愿最高，即 $P_{s-i\to i} = 1$。因此，假设

$$x_i^s = \nu(i) \to P_{i\to s-i} = 0, P_{s-i\to i} = 1 \tag{3-33}$$

显然，式（3－30）、式（3－32）、式（3－33）中的 x_i^s、$P_{i\to s-i}$ 和 $P_{s-i\to i}$ 之间的关系可用如式（3－34）所示的线性方程来描述。

$$x_i^s = \begin{cases} \frac{1}{2}[\nu(s) - \nu(s-i) + \nu(i)] + \frac{1}{2}[\nu(s) - \nu(s-i) - \nu(i)](P_{i\to s-i} - P_{s-i\to i}), & \nu(s) - \nu(s-i) \geqslant x_i^s \geqslant \nu(i) \\ 0, & \text{other} \end{cases} \tag{3-34}$$

在创业合作过程中，利益的配置涉及合作双方的利益，所以，利益配置必是一个合作伙伴之间的反复博弈过程。在该过程中，创业者的合作愿望在不断演化，于是，合作双方能形成合作联盟的概率可用进化博弈模型描述。

在合作决策过程中，合作、不合作是两个合作博弈方 i 和 $s-i$ 的基本策略，相应的得益矩阵如表 3－8 所示。假设一个合作博弈方选择不合作时的惩罚系数为 α，一个合作博弈方选择合作时的奖励系数为 β。当两个合作博弈方都选择合作时，创业者 i 和子联盟 $s-i$ 的得益分别为 x_i^s 和 $\nu(s) - x_i^s$。当两个合作博弈方都选择单独创业时，各自的得益为 $\nu(i)$ 和 $\nu(s-i)$。$P_{i\to s-i}$ 和 $P_{s-i\to i}$ 分别代表创业者 i 和子联盟 $s-i$ 的合作意愿。

表 3-8　合作博弈方 i 和 $s-i$ 的得益矩阵

创业者 i	子联盟 $s-i$	
	合作 $P_{s-i\to i}$	不合作 $1-P_{s-i\to i}$
合作 $P_{i\to s-i}$	$x_i^s, \nu(s)-x_i^s$	$\nu(i)\cdot(1-\alpha), \nu(s-i)\cdot(1+\beta)$
不合作 $1-P_{i\to s-i}$	$\nu(i)\cdot(1+\beta), \nu(s-i)\cdot(1-\alpha)$	$\nu(i), \nu(s-i)$

根据进化博弈理论，当创业者 i 选择合作时的期望收益为 $P_{s-i\to i}\cdot x_i^s+(1-\alpha)(1-P_{s-i\to i})\nu(i)$，当其选择不合作时的期望收益为 $P_{s-i\to i}\cdot\nu(i)\cdot(1+\beta)+(1-P_{s-i\to i})\cdot\nu(i)$。

同理，当子联盟 $s-i$ 选择合作时的期望收益为

$$P_{i\to s-i}[v(s)-x_i^s]+(1-\alpha)(1-P_{i\to s-i})\nu(s-i)$$

当其选择不合作时的期望收益为

$$P_{i\to s-i}\cdot\nu(s-i)\cdot(1+\beta)+(1-P_{i\to s-i})\cdot\nu(s-i)$$

于是，创业者 i 的总体期望收益可表示为

$$E(x_i^s)=P_{i\to s-i}[P_{s-i\to i}\cdot x_i^s+(1-\alpha)(1-P_{s-i\to i})\nu(i)]+(1-P_{i\to s-i})\cdot[P_{s-i\to i}\cdot\nu(i)(1+\beta)+(1-P_{s-i\to i})\cdot\nu(i)]$$

子联盟 $s-i$ 的总体期望收益可表示为

$$E[\nu(s)-x_i^s]=P_{s-i\to i}\left\{P_{i\to s-i}\cdot[v(s)-x_i^s]+(1-\alpha)(1-P_{i\to s-i})\nu(s-i)\right\}+(1-P_{s-i\to i})[P_{i\to s-i}\cdot\nu(s-i)\cdot(1+\beta)+(1-P_{i\to s-i})\cdot\nu(s-i)]$$

那么，创业者 i 和子联盟 $s-i$ 的动态复制方程为

$$\frac{dP_{i\to s-i}}{dt}=P_{i\to s-i}[P_{s-i\to i}\cdot x_i^s+(1-\alpha)(1-P_{s-i\to i})\nu(i)-E(x_i^s)]$$

$$= P_{i\to s-i}(1 - P_{i\to s-i})\left\{[x_i^s + (\alpha - 1 - \beta)\nu(i)] \cdot P_{s-i\to i} - \alpha\nu(i)\right\}$$

(3－35)

$$\frac{\mathrm{d}P_{s-i\to i}}{\mathrm{d}t} = P_{s-i\to i}\left\{P_{i\to s-i} \cdot [v(s) - x_i^s] + (1-\alpha)(1 - P_{i\to s-i})\nu(s-i) - E[\nu(s) - x_i^s]\right\}$$

$$= P_{s-i\to i}(1 - P_{s-i\to i})\left\{[v(s) - x_i^s + (\alpha - 1 - \beta)\nu(s-i)] \cdot P_{i\to s-i} - \alpha\nu(s-i)\right\} \quad (3-36)$$

显然，仅当创业者 i 和子联盟 $s-i$ 同时选择合作时，创业合作联盟 s 才能构建。因此，联盟 s 形成的概率 $P_{i\to s-i} \cdot P_{s-i\to i}$ 与创业者 i 和子联盟 $s-i$ 同时选择合作的概率相关。另外，当子联盟 $s-i$ 包括多个创业者时，即 $|s-i|>1$，子联盟 $s-i$ 形成的概率也会影响联盟 s 形成的概率。所以，联盟 s 形成的概率能通过式（3－37）表示为

$$\omega'(|s|) = \begin{cases} P_{i\to s-i} \cdot P_{s-i\to i}, & |s-i| = 1 \\ P_{i\to s-i} \cdot P_{s-i\to i} \cdot \omega(|s-i|), & |s-i| > 1 \end{cases} \quad (3-37)$$

3.3.2 创业团队风险决策中的利益配置模型

在合作博弈理论中，Shapley（1957）提出了 Shapley 值模型。在该模型中，各合作对象分配的利益满足式（3－38）。

$$\varphi_i(\nu) = \sum_{x \in s_i} \omega(|s|)[\nu(s) - \nu(s-i)] \quad (i=1,2,\cdots,n) \quad (3-38)$$

式（3－38）中，$\nu(s)$ 代表联盟 s 的得益；$\nu(s-i)$ 代表子联盟 $s-i$ 的得益；依据 Javier 等人（2009）的观点，权重系数 $\omega(|s|)$ 代表联盟 s 形成的概率，即 $\omega(|s|) = \frac{(|s|-1)!(n-|s|)!}{n!}$。

显然，这个概率是一个随机概率，不是联盟 s 形成的现实概率（邹筱，赵锋，2010）。联盟 s 形成的现实概率是 i 和 $s-i$ 博弈的结果［见式（3－37）］。所以，将式（3－37）代入式（3－38）可获取一个新的 Shapley 值。

$$\varphi_i(\nu) = \sum_{x \in s_i} \omega'(|s|)[\nu(s) - \nu(s-i)] \quad (i = 1,2,\cdots,n) \qquad (3-39)$$

引理： $\sum_{i=1}^{n} \varphi_i(\nu) \neq \nu(\Omega)$

这个引理容易证实，因为 $\omega(|s|)$ 是一个与时间 t 相关的函数，但是 $[\nu(s) - \nu(s-i)]$ 与时间 t 是无关的，所以 $\varphi_i(\nu)$ 也是一个与时间 t 相关的函数。于是，为了确保 $\sum_{i=1}^{n} \varphi_i(\nu) = \nu(\Omega)$，必须 $\frac{\mathrm{d}P_{i \to s-i}}{\mathrm{d}t} = 0$ 或 $\frac{\mathrm{d}P_{s-i \to i}}{\mathrm{d}t} = 0$，这意味着 $P_{i \to s-i}$ 或 $P_{s-i \to i}$ 与时间 t 是无关的。这与随着创业合作的深化，合作意愿在不断变化的现实是矛盾的，不满足创业团队风险决策的适应性规律。所以，$\sum_{i=1}^{n} \varphi_i(\nu) \neq \nu(\Omega)$。

由于 $\sum_{i=1}^{n} \varphi_i(\nu) \neq \nu(\Omega)$，于是根据式（3－39）所示的新 Shapley 值进行的利益配置不满足群体理性条件：群体的利益未被完全配置。

所以，以式（3－39）所确定的 Shapley 需要通过式（3－40）进行等分处理。

$$\psi_i = \frac{\varphi_i(\nu)}{\sum_{i=1}^{n} \varphi_i(\nu)} \cdot v(I) \qquad (3-40)$$

式中：ψ_i 为创业者 i 所配置的利益；$\varphi_i(\nu)$ 为创业者 i 的新 Shapley 值；$v(I)$ 为创业团队的总体得益。

创业合作对象的选择是创业团队风险决策的重要内容，它影响着创业团队的形成。在此过程中，一个伙伴必须承担一定的责任，这是其能加入到一个创业团队的基础，也是其能从创业团队获取利益的根基。基于责任分配，其利益也被相应地配置。这是创业团队风险决策的一般过程，该过程可通过式（3－41）的系统动力学模型描述。

在式（3－41）中，ψ_i 是创业者 i 被配置的利益，他的合作意愿 $P_{i \to s-i}$ 是一个关于时间 t 的函数。于是，利益 ψ_i 也是一个时间 t 的函数。在合作磋商的过程中，创业者的合作博弈不断调整其利益配置。显然，如式（3－41）所示的系统动力学模型能够利用软件 Vensim 进行模拟。

$$
\left.\begin{array}{l}
\dfrac{\mathrm{d}P_{i\to s-i}}{\mathrm{d}t}=P_{i\to s-i}(1-P_{i\to s-i})[P_{s-i\to i}\cdot x_i^s-\alpha\nu(i)+(\alpha-1-\beta)P_{s-i\to i}\cdot\nu(i)] \\
\dfrac{\mathrm{d}P_{s-i\to i}}{\mathrm{d}t}=P_{s-i\to i}(1-P_{s-i\to i})\Big\{P_{i\to s-i}\cdot[v(s)-x_i^s]-\alpha\nu(s-i)+ \\
\qquad (\alpha-1-\beta)P_{i\to s-i}\cdot\nu(s-i)\Big\} \\
P_{0,i\to s-i}=\begin{cases}0, & c(i)\geqslant c_0\\ \dfrac{(\eta_{i\to s-i})^{\delta}}{[(\eta_{i\to s-i})^{\delta}+(1-\eta_{i\to s-i})^{\delta}]^{\frac{1}{\delta}}}, & c(i)<c_0,c(s)<c_0\\ \dfrac{1}{m}, & c(i)<c_0,c(s)\geqslant c_0\end{cases} \\
P_{0,s-i\to i}=\begin{cases}0, & c(s-i)\geqslant c_0\\ \dfrac{(\eta_{s-i\to i})^{\delta}}{[(\eta_{s-i\to i})^{\delta}+(1-\eta_{s-i\to i})^{\delta}]^{\frac{1}{\delta}}}, & c(s-i)<c_0,c(s)<c_0\\ \dfrac{1}{m}, & c(s-i)<c_0,c(s)\geqslant c_0\end{cases} \\
\varphi_i(\nu)=\sum_{x\in s_i}\omega(|s|)[\nu(s)-\nu(s-i)] \\
x_i^s=\begin{cases}\nu(i)+[\nu(s)-\nu(s-i)-\nu(i)]\cdot P_{i\to s-i}, & \nu(s)-\nu(s-i)\geqslant x_i^s\geqslant\nu(i)\\ 0, & \text{other}\end{cases} \\
\omega(|s|)=\begin{cases}P_{i\to s-i}\cdot P_{s-i\to i}, & |s-i|=1\\ P_{i\to s-i}\cdot P_{s-i\to i}\cdot\omega(|s-i|), & |s-i|>1\end{cases} \\
\psi_i=\dfrac{\varphi_i(\nu)}{\sum_{i=1}^{n}\varphi_i(\nu)}\cdot v(I)\quad(i=1,2,\cdots,n)
\end{array}\right\}\tag{3-41}
$$

3.3.3 创业团队风险决策中的利益配置算例

一创业团队包括三个创业者，分别用 A、B 和 C 表示。现有一个创业项目需投资 1 000 万元，但是这三个创业者分别拥有 300 万元、500 万元和 400 万元。因此，该项目不适宜于这三个创业者单独创业。如果这三个创业者期望单独创业，则需通过贷款的方式补足投资的不足，这样常常需要支付一定的利息，这将影响其收益。假设这三个创业者单独创业时，他们的得益分别为1 200万元、3 000万元和2 000万元，分别记作：$\nu(1)=1\ 200$，$\nu(2)=3\ 000$，$\nu(3)=2\ 000$。如果这三个创业者中任意两个合作进行创业时，投资款不足部分仍然通过贷款补充，他们的收益分别为A和B合作创业收益为7 500万元、A和C合作创业收益为5 500万元、B和C合作创业收益为6 000万元，分别记作：$\nu(1\cup 2)=7\ 500$，$\nu(1\cup 3)=5\ 500$，$\nu(2\cup 3)=6\ 000$。如果这三个创业者合作创业时，将没有投资缺口，他们的合作收益为14 400万元，记作：$\nu(1\cup 2\cup 3)=14\ 400$。

在创业合作沟通过程中，当某创业者没有合作愿望时，其将因失去合作的机会而承担一定的机会损失。假设机会损失的惩罚系数为$\alpha=0.12$；对于倾向于合作的创业者而言，无论是否实现合作，他都不会有机会损失，而且还因勇于把握合作机会有一定的奖励，假设奖励系数为$\beta=0.04$。

3.3.3.1　传统方法求解

在利益分配过程中，如果投资的贡献度被忽略，那么利益的分配可以借助传统的Shapley值模型确定。依据传统的Shapley值模型确定的利益配置过程如表3-9所示，相应的利益配置结果分别为

$$\varphi_1(\nu)=4\ 533.33,\varphi_2(\nu)=5\ 683.33,\varphi_3(\nu)=4\ 183.33$$

表3-9　基于传统Shapley值法的创业者得益

创业者	得益	合作模式			
A	$\nu(s)$	1 200	7 500	5 500	14 400
	$\nu(s-1)$	0	3 000	2 000	6 000
	$W(\|s\|)$	1/3	1/6	1/6	1/3
	$\varphi_1(\nu)$	4 533.33			
B	$\nu(s)$	3 000	7 500	6 000	14 400
	$\nu(s-1)$	0	1 200	2 000	5 500
	$W(\|s\|)$	1/3	1/6	1/6	1/3
	$\varphi_2(\nu)$	5 683.33			

续表

创业者	得益	合作模式			
C	$\nu(s)$	2 000	5 500	6 000	14 400
	$\nu(s-1)$	0	1 200	3 000	7 500
	$W(\lvert s \rvert)$	1/3	1/6	1/6	1/3
	$\varphi_3(\nu)$	4 183. 33			

3. 3. 3. 2　进化博弈解

在利益配置过程中，如果考虑投资的贡献，那么，利益的分配可依据式（3－41）所示的系统动力学模型进行分配，相应的网络流图模型如图 3－1 所示。

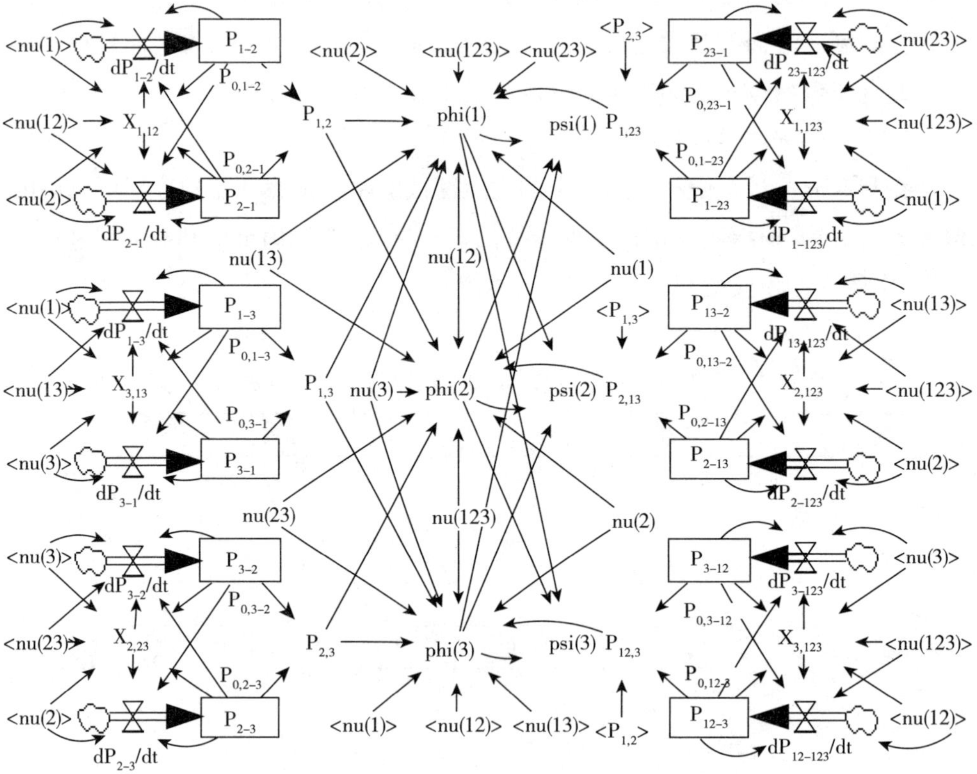

图 3－1　创业团队利益配置系统动力学模型

注：图 3－1 是 Vensim 软件绘制的系统流量图。

在图3－1中，为了利用Vensim软件对利益配置进行模拟分析，以nu(s)表示得益 $\nu(s)$ 由式 $\frac{\nu(s)}{\max\limits_{s}[\nu(s)]}$ 归一化之后的结果（$s,t = \{1,2,3,23,13,12\}$），并且相应的归一化结果如表3－10所示。

表3－10　得益的归一化结果

s	{1}	{2}	{3}	{1,2}	{1,3}	{2,3}	{1,2,3}
$\nu(s)$	1 200	3 000	2 000	7 500	5 500	6 000	14 400
nu(s)	0.083	0.208	0.139	0.521	0.382	0.417	1

在图3－1中，$P_{0,s-t}$ 表示创业者 i 被潜在合作伙伴 $s-i$ 选中的初始概率或伙伴 $s-i$ 被创业者 i 选中的初始概率（$s,t = \{1,2,3,23,13,12\}$）。该值可以借助式（3－28）和式（3－29）求解，并且最终结果如表3－11所示。

表3－11　合作伙伴筛选的初始概率

合作意向	贡献度 α	初始概率 $P_{0,s-t}$
B意愿与A合作	0.714	0.598
C意愿与A合作	0.572	0.499
B、C意愿与A合作	1	1
A意愿与B合作	0.600	0.518
C意愿与B合作	0.800	0.669
A、C意愿与B合作	1	1
A意愿与C合作	0.500	0.454
B意愿与C合作	0.833	0.700
A、B意愿与C合作	1	1
A意愿与B、C合作	1	1
B意愿与A、C合作	1	1
C意愿与A、B合作	1	1

在图3－1中，P_{s-t} 代表创业者（或子联盟）s 选中 t 的期望。其中，$s,t = \{1,2,3,23,13,12\}$；dP_{s-t}/dt 代表创业者（或子联盟）s 选中 t 的期望的变化率，它们能通过式（3－35）或式（3－36）确定；$P_{s,t}$ 表示创业者（或子联盟）s 和 t 结成联盟（创业团队）的概率，其结果可通过式（3－37）求解；phi(i) 表示创业者 i 的新Shapley值，其结果可以通过式（3－39）计算；psi(i) 是创业者 i 分配到的利益，其结果可以通过式（3－40）求解；lambda(i) 是创业者 i 的决策权，其结果可以通过式（3－37）求解。

基于表 3－10 所示的归一化的得益结果和表 3－11 所示的合作伙伴筛选的初始概率，该创业团队内的利益配置可以利用 Vensim 软件进行模拟，相应的结果如图 3－2 所示。图 3－2 表明，经过多轮次的博弈之后，三个创业者的利益配置趋于稳定，并分别稳定于 4 525.68 万元、5 708.59 万元和 4 165.73 万元，这就是在考虑创业者投资贡献率以及团队内合作博弈、投入和产出权衡时各创业者的利益分配值。显然，该利益分配值不同于传统的 Shapley 值法确定的利益。

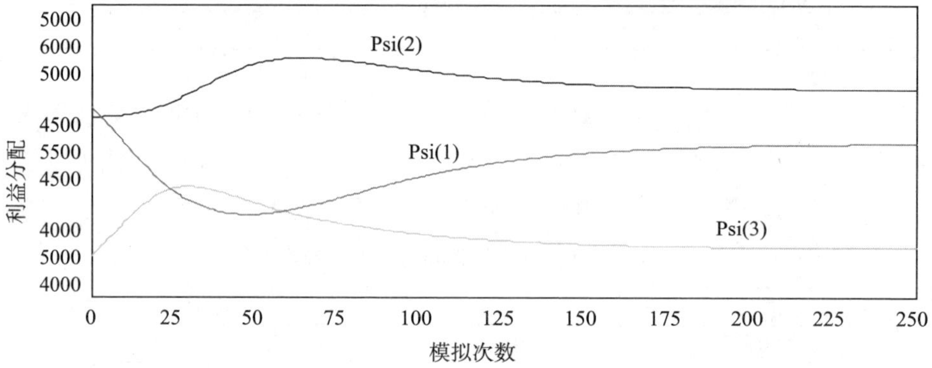

图 3－2　创业团队的分配利益

注：图 3－2 为 Vensim 软件的模拟结果。

3.3.3.3　对比分析

新 Shapley 值法与传统的 Shapley 值法相比有诸多不同，并且在诸多方面更优于传统的 Shapley 值法，这主要体现在以下三个方面。

（1）在利益配置过程中，投资的贡献度被考虑在内。然而传统的 Shapley 值法仅考虑产出的贡献度。这在创业团队的利益分配过程中显然是不合理的：投资是创业的关键资源，在创业过程中具有极其重要的作用。如果在利益分配过程中，忽视投资的贡献度，将会损害投资者的投资积极性。而且，在现实中，诸多企业也常常依据投资进行利益配置。所以，利用新 Shapley 值法分配创业者的利益更加合理（见图 3－2）。

（2）创业团队的组建影响其利益配置，这在现实中常常出现，但是依据传统的 Shapley 值法分配利益时，没有考虑该因素。显然，仅当创业者在是否创业、与谁合作创业、投资多少等问题上没有决策权时，传统 Shapley 值法分配的利益才是合理的。在自由市场经济中，创业者的创业决策常常不被干扰，因此，利益的配置影响创业合作及创业团队的组建。另外，为了合作，一些创业者不得不放弃部分利益，所以，创业合作及创业团队的组建也影响创业利益的分配。

（3）创业者的利益偏好影响创业团队的形成。例如，一些创业者更重视利益，稍许利益损失都可能影响其合作愿望，以致影响创业团队的组建。因此，在创业团队内分配利益时，需要考虑创业者的利益偏好。传统的 Shapley 值法没有考虑该因素，但新 Shapley 值法研究了该因素［如式（3 - 31）］。如果创业者的偏好差异被考虑，即 $k_i \neq k_{s-i}$，那么，利用新 shapley 值法分配创业团队利益将更贴合实际，此问题将会得到进一步研究。

所以，新 Shapley 值法相对传统的 Shapley 值法，在创业团队利益配置中更优。事实上，新 Shapley 值法还有一个更加重要的贡献，那就是对创业团队的组建过程进行模拟。

基于上述的算例，$P_{1,2}$、$P_{1,3}$ 和 $P_{2,3}$ 分别为创业者 A 和 B、A 和 C、B 和 C 合作的概率，该概率的模拟结果如图 3 - 3 所示。

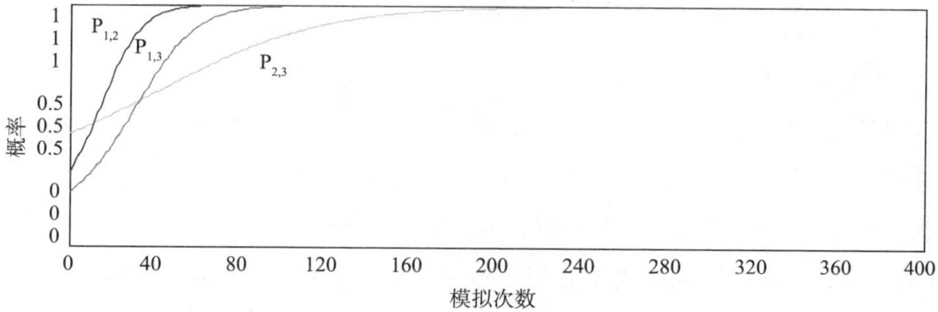

图 3 - 3　合作创业模式的形成概率

注：图 3 - 3 为 Vensim 软件的模拟结果。

从图 3 - 3 可知，创业者 A 和 B 合作的概率首先倾向于 1，其次是创业者 A 和 C 合作的概率倾向于 1，最后是创业者 B 和 C 合作的概率倾向于 1。这说明，在创业者 A、B 和 C 确定合作创业过程中，创业者 A 和 B 先确定为创业团队，然后创业者 C 加入该创业团队，直至该创业团队成为一个稳定的联盟。

第4章 创业团队风险决策的多目标权衡机理

4.1 创业团队风险决策的多参照点权衡机理

4.1.1 创业决策的多参照点效应

在创业团队风险决策过程中，决策者在对决策方案的结果进行编码时往往同时受当前财富水平、近期财富损益变化、抱负水平及竞争者状况等多参照点的影响（何贵兵，于永菊，2006）。在此，把这种影响称为创业团队风险决策的多参照点效应。那么，在创业团队风险决策过程中，多参照点效应是如何形成的，并对创业团队风险决策有何影响，这就涉及创业团队风险决策的多参照点机制问题。因此，有必要研究创业团队风险决策过程的多参照点作用模式和群体决策过程中的多参照点机制问题。

创业决策是典型的风险决策问题。对于创业者而言，其决策时会有多个参照点，并将决策方案置于多个参照点之中，在决策方案与多参照点的相互权衡中寻求最理想决策，这就是创业决策的多参照点机制。在创业团队风险决策过程中，创业决策的多参照点效应更加明显，而且多参照点的作用机理更加复杂，具体体现在以下三个方面。

（1）创业团队各成员决策时会受到实际损益与心理参照点的影响。由个体组成的创业团队在面对商机时，创业团队内各成员都会依据一定的参照标准（如离职的机会成本、自身经验、抱负水平、财富水平等）独立决策，认识商机，从而导致创业团队内各成员对相同的创业方案有不同的评价和差异化的创业选择。所以，创业团队内每个创业者的参照点类型及其结构都可能影响创业团队的群体决策结果。

（2）创业团队成员在创业决策过程中会对信息进行编辑和整合，在此过程中拥有不同参照点的个体决策存在显著差异，决策情境的复杂性决定了创业者要根据多方参照信息做出适应性的决策。因此，决策结果并非只受单一参照点影响，而是受多重参照点的综合作用，以致创业团队成员在创业决策过程中需要在多参照点之间进行权衡。

（3）在创业团队群体决策中，团队成员都在追求自身利益，相互之间存在利益冲突。以致在创业团队风险决策过程中，团队成员会在自身需求、现实能力和多参照点之间进行权衡，会在自身需求与外部条件之间权衡，会在自身需求与团队需求之间权衡，从而形成复杂的群体合作博弈关系。因此，创业团队风险决策受到群体博弈过程及其结果的影响。

所以，在创业团队风险决策过程中，团队成员都是在多参照点效应和群体博弈效应的影响下进行的生态理性决策。不仅如此，在创业团队风险决策过程中，多参照点效应和群体博弈效应是交互影响的，以致其中的多参照点效应更加复杂。基于此，将集对分析理论与博弈论相结合，构建创业团队风险决策参照点机制的集对博弈模型（谢科范，陈刚，刘慧，2010）。

4.1.2　创业团队风险决策的集对博弈模型

在创业团队风险决策过程中，个体受到多参照点效应和群体博弈效应的双重影响。其中，多参照点效应构建了创业者的策略空间；群体博弈效应推进了创业团队群体决策的集结。这就是创业团队风险决策集对博弈模型构建的基础。

4.1.2.1　模型假设

（1）面对某商机时，创业团队内各成员会独立决策。假设创业团队中有 l 个成员，创业团队成员集可表示为 $P = \{P_1, P_2, \cdots, P_l\}$。创业团队中各个成员的不同决策组合可形成多种创业方案，记为 $A = \{A_1, A_2, \cdots, A_m\}$，其中 m 为创业方案数。

（2）假设各创业方案的评估指标体系为 $C = \{C_1, C_2, \cdots, C_n\}$，其中 n 为评

估目标指标数。在此指标体系中既可能有投入指标，也可能有产出指标，分别记作：

$$C^I = \{C_1^I, C_2^I, \cdots, C_{n_I}^I\}, C^O = \{C_1^O, C_2^O, \cdots, C_{n_O}^O\}$$

于是，$C^I \cup C^O \subset C, C^I \cap C^O = \varnothing$。

（3）假设创业方案策划者对各创业方案在各目标指标上的详细策划结果为

$$D^k = [d_{ij}^k]_{m\times n} \quad (i = 1,2,\cdots,m;\ j = 1,2,\cdots,n;k = 1,2,\cdots,l)$$

式中：d_{ij}^k 为创业方案策划者在创业方案 A_i、指标 C_j 上估计创业者 P_k 的投入或产出。

这些估计依据指标的特性不同，可能是定性描述的，也可能是定量描述的。

（4）创业团队内各成员在进行创业方案选择决策时，由于任意创业方案都涉及一定的投入和产出，为此，每个成员都会在多参照点（Ordonez，2000）效应下，全面考察各个创业方案，形成多目标性的投入或产出期望：

$$D^{k\gamma} = [x_{ij}^{k\gamma}]_{m\times n}(i = 1,2,\cdots,m;j = 1,2,\cdots,n;k = 1,2,\cdots,l;\gamma = 1,2,\cdots,\Gamma)$$

式中：$x_{ij}^{k\gamma}$ 为成员 P_k 基于第 γ 参照点在创业方案 A_i、指标 C_j 上所期望的投入或产出。

那么，多参照点决策矩阵为 $D_{ij}^k = \{x_{ij}^{k1}, x_{ij}^{k2}, \cdots, x_{ij}^{k\Gamma}\}$。

4.1.2.2　集对博弈模型

在多参照点决策矩阵 $D_{ij}^k = \{x_{ij}^{k1}, x_{ij}^{k2}, \cdots, x_{ij}^{k\Gamma}\}(i = 1,2,\cdots,m;j = 1,2,\cdots,n;k = 1,2,\cdots,l)$ 中，对于定量指标，其第 j 个指标的最优期望投入或产出值和最劣期望投入或产出值分别为 $\overline{u_{ij}^k}$ 和 $\overline{v_{ij}^k}$，在此将 $\overline{u_{ij}^k}$ 定义为高值参照点，$\overline{v_{ij}^k}$ 定义为低值参照点（吴畏，2005）。

当第 j 个指标属于收益型指标时，有 $\overline{u_{ij}^k} = \max\limits_{1\leq\gamma\leq\Gamma}\{x_{ij}^{k\gamma}\};\overline{v_{ij}^k} = \min\limits_{1\leq\gamma\leq\Gamma}\{x_{ij}^{k\gamma}\}$。

当第 j 个指标属于损失型指标时，有 $\overline{u_{ij}^k} = \min\limits_{1\leq\gamma\leq\Gamma}\{x_{ij}^{k\gamma}\};\overline{v_{ij}^k} = \max\limits_{1\leq\gamma\leq\Gamma}\{x_{ij}^{k\gamma}\}$。

为此，可以根据集对分析概念，在 $x_{ij}^{k\gamma}$ 的比较区间中确定集对 $\{d_{ij}^k, \overline{u_{ij}^k}\}$ 的联系度。由于创业者一般为理性决策者，所以在此假定：收益型指标 $d_{ij}^k \in [\overline{\nu_{ij}^k}, \overline{\mu_{ij}^k}]$，损失型指标 $d_{ij}^k \in [\overline{\mu_{ij}^k}, \overline{v_{ij}^k}]$。

对于收益型指标（张斌，2004），有 $\frac{d_{ij}^k}{\overline{u_{ij}^k}+\overline{v_{ij}^k}}\in[0,1]$，$\frac{(d_{ij}^k)^{-1}}{(\overline{u_{ij}^k})^{-1}+(\overline{v_{ij}^k})^{-1}}\in[0,1]$$(i=1,2,\cdots,m;j=1,2,\cdots,n;k=1,2,\cdots,l)$。且它们分别表示在数值上 d_{ij}^k 与 $\overline{u_{ij}^k}$、d_{ij}^k 与 $\overline{v_{ij}^k}$ 的接近程度，其值越大，这种接近程度越大。而在确定区间 $[\overline{u_{ij}^k},\overline{v_{ij}^k}]$ 中，d_{ij}^k 与 $\overline{v_{ij}^k}$ 距离的接近恰好说明了 d_{ij}^k 与 $\overline{u_{ij}^k}$ 的远离，故由此可以定义集对 $\left\{d_{ij}^k,\overline{u_{ij}^k}\right\}$ 的同一度和对立度分别为

$$a_{ij}^k=\frac{d_{ij}^k}{\overline{u_{ij}^k}+\overline{v_{ij}^k}},\quad c_{ij}^k=\frac{(d_{ij}^k)^{-1}}{(\overline{u_{ij}^k})^{-1}+(\overline{v_{ij}^k})^{-1}}=\frac{\overline{u_{ij}^k}\,\overline{v_{ij}^k}}{(\overline{u_{ij}^k}+\overline{v_{ij}^k})d_{ij}^k}\tag{4-1}$$

进而由式（4-1）可定义其差异度

$$b_{ij}^k=1-(a_{ij}^k+c_{ij}^k)=\frac{(\overline{u_{ij}^k}-d_{ij}^k)(d_{ij}^k-\overline{v_{ij}^k})}{(\overline{u_{ij}^k}+\overline{v_{ij}^k})d_{ij}^k}\tag{4-2}$$

则对于收益型指标，集对 $\left\{d_{ij}^k,\overline{u_{ij}^k}\right\}$ 的联系为

$$\begin{aligned}\mu_{ij}^k&=\mu_{\{d_{ij}^k,\overline{u_{ij}^k}\}}=a_{ij}^k+b_{ij}^kI+c_{ij}^kJ\\&=\frac{d_{ij}^k}{\overline{u_{ij}^k}+\overline{v_{ij}^k}}+\frac{(\overline{u_{ij}^k}-d_{ij}^k)(d_{ij}^k-\overline{v_{ij}^k})}{(\overline{u_{ij}^k}+\overline{v_{ij}^k})d_{ij}^k}I+\frac{\overline{u_{ij}^k}\,\overline{v_{ij}^k}}{(\overline{u_{ij}^k}+\overline{v_{ij}^k})d_{ij}^k}J\end{aligned}\tag{4-3}$$

式（4-3）中，$\mu_{\{d_{ij}^k,\overline{u_{ij}^k}\}}$ 表示在创业成员 P_k 的多参照点下，创业方案 A_i 在收益型指标 C_j 上策划产出的集对联系数$(i=1,2,\cdots,m;j=1,2,\cdots,n;k=1,2,\cdots,l)$；$I$ 为差异度符号，J 为对立度符号。同理，对于损失型指标，可确定集对 $\{d_{ij}^k,\overline{v_{ij}^k}\}$ 的联系度为

$$\begin{aligned}\mu_{ij}^k&=\mu_{\{d_{ij}^k,\overline{v_{ij}^k}\}}=a_{ij}^k+b_{ij}^kI+c_{ij}^kJ\\&=\frac{\overline{u_{ij}^k}\,\overline{v_{ij}^k}}{(\overline{u_{ij}^k}+\overline{v_{ij}^k})d_{ij}^k}+\frac{(\overline{u_{ij}^k}-d_{ij}^k)(d_{ij}^k-\overline{v_{ij}^k})}{(\overline{u_{ij}^k}+\overline{v_{ij}^k})d_{ij}^k}I+\frac{d_{ij}^k}{\overline{u_{ij}^k}+\overline{v_{ij}^k}}J\end{aligned}\tag{4-4}$$

式（4-4）中，$\mu_{\{d_{ij}^k,\overline{u_{ij}^k}\}}$ 表示在创业成员 P_k 的多参照点下，创业方案 A_i 在损失型指标 C_j 上策划投入的集对联系数$(i=1,2,\cdots,m;j=1,2,\cdots,n;k=1,2,\cdots,l)$；$I$ 为差异度符号，J 为对立度符号。

在多参照点决策矩阵 $D_{ij}^k=\{x_{ij}^{k1},x_{ij}^{k2},\cdots,x_{ij}^{k\Gamma}\}$ 中，对于定性指标，创业成员 P_k 基于第 γ 参照点在创业方案 A_i、指标 C_j 上所期望的投入或产出 $x_{ij}^{k\gamma}$ 是通过定性

描述的，任意定性描述都反映了期望的投入或产出范围。多参照点效应下各定性描述所阐释的范围不尽相同，但可形成一个最大的公集 $x_{ij}^{k} = x_{ij}^{k1} \cup x_{ij}^{k2} \cup \cdots \cup x_{ij}^{k\Gamma}$。由于各个成员的期望投入或产出 $x_{ij}^{k\gamma}$ 与创业方案策划结果 d_{ij}^{k} 是对应的，所以，x_{ij}^{k} 与 d_{ij}^{k} 存在集对关系。对于这种集对关系的描述可用模糊方法评价。对比 x_{ij}^{k} 和 d_{ij}^{k} 所描述的范围，假如其中“相同”部分占 $a_{i\gamma}^{k}$，“相异”部分占 $b_{i\gamma}^{k}$，“相反”部分占 $c_{i\gamma}^{k}$。那么，$\{d_{ij}, x_{ij}^{k\gamma}\}$ 对应的集对联系数可表示为

$$\mu_{i\gamma}^{k} = a_{i\gamma}^{k} + b_{i\gamma}^{k}I + c_{i\gamma}^{k}J \tag{4-5}$$

那么，第 k 成员基于对第 i 创业方案的评判矩阵可表示为

$$\boldsymbol{d}_{\mathrm{i}}^{\mathrm{k}} = \begin{bmatrix} a_{i1}^{k} + b_{i1}^{k}I + c_{i1}^{k}J \\ a_{i2}^{k} + b_{i2}^{k}I + c_{i2}^{k}J \\ \vdots \quad \vdots \quad \vdots \\ a_{in}^{k} + b_{in}^{k}I + c_{in}^{k}J \end{bmatrix} \tag{4-6}$$

另外，由于每个创业成员自身的经验不同，以致每个成员对每个指标赋予的权重也不同。假设模糊权重矩阵为 $\omega = [\omega_{kj}]_{l\times n}$，其中 ω_{kj} 表示第 k 决策成员分配给指标 C_j 的权重。对其进行归一化处理，得到归一化模糊权重矩阵 $w = [w_{kj}]_{l\times n}$，其中 $w_{kj} = \omega_{kj}/(\sum_{j=1}^{n}\omega_{kj})$。$w_{kj}$ 表示第 k 决策成员在指标 C_j 的权值。在已知目标指标权重的情况下，创业团队中任意成员都可以对任意创业方案进行评价，评价结果为

$$d_{i}^{k} = \sum_{j=1}^{n}(w_{kj}a_{ij}^{k} + w_{kj}b_{ij}^{k}I + w_{kj}c_{ij}^{k}J) = a_{i}^{k} + b_{i}^{k}I + c_{i}^{k}J \tag{4-7}$$

式中：d_{i}^{k} 为第 k 决策成员对第 i 创业方案的评价值联系数。

在创业团队风险决策过程中，创业团队中各个成员都在其多参照点效应下依据式（4-7）的判断结果进行多目标权衡，并与其他成员相互博弈，这是创业团队风险决策过程的基本规律。这种以式（4-7）联系数为决策依据的相互博弈过程就是创业团队风险决策的集对博弈模型。

4.1.2.3　博弈均衡解

显然，创业团队风险决策的集对博弈模型的解就是创业团队风险决策的结

果。该结果的确定依赖于如下三个条件。

(1) 均衡条件。创业团队风险决策常常是在创业团队组建过程中同步展开的，此时的创业团队并不稳定，因此该群体博弈过程是非完全意义上的合作博弈。所以，为了保障创业团队风险决策得以成功实现，决策过程中的公平性尤其重要，这既是保障成功决策的关键，也是保证创业团队稳定的关键。实现决策公平的条件是：在创业团队风险决策过程中，各个成员在任意方案上的决策态势相当，即

$$sh(d_{k_1}^i) = sh(d_{k_2}^i) = sh(d^i) \tag{4-8}$$

式中：$k_1, k_2 = 1, 2, \cdots, l$；$sh(d_{k_1}^i)$ 或 $sh(d_{k_2}^i)$ 依据表4-1查询。

表4-1 基于 *a*、*b*、*c* 的数值大小关系的决策态势判断及方案性质

序号	a、b、c的数值大小关系	a/c	态势名称	态势意义	方案性质
1	$a_k^i = 1$	>1	全同势	全赞同	可行方案
2	$a_k^i > c_k^i, a_k^i > b_k^i, b_k^i > c_k^i$		准同势	以赞同为主	
3	$a_k^i > c_k^i, a_k^i > b_k^i, b_k^i = c_k^i$		强同势	赞同态势强	
4	$a_k^i > c_k^i, a_k^i > b_k^i, b_k^i < c_k^i$		亚强同势	赞同态势亚强	
5	$a_k^i > c_k^i, a_k^i = b_k^i, b_k^i > c_k^i$		弱同势	赞同态势弱	
6	$a_k^i > c_k^i, a_k^i < b_k^i, b_k^i > c_k^i$		微同势	赞同态势微小	
7	$a_k^i = c_k^i, a_k^i > b_k^i, b_k^i < c_k^i$	=1	强均势	赞同与反对强相等	一般方案
8	$a_k^i = c_k^i, a_k^i = b_k^i, b_k^i = c_k^i$		准均势	赞同与反对临界相等	
9	$a_k^i = c_k^i, a_k^i < b_k^i, b_k^i > c_k^i$		弱均势	赞同与反对弱相等	
10	$b_k^i = 1$		全均势	全弃权	
11	$a_k^i < c_k^i, a_k^i > b_k^i, b_k^i < c_k^i$	<1	微反势	微小的反对态势	不可行方案
12	$a_k^i < c_k^i, a_k^i = b_k^i, b_k^i < c_k^i$		弱反势	反对态势但较弱	
13	$a_k^i < c_k^i, a_k^i < b_k^i, b_k^i > c_k^i$		亚强反势	反对态势亚强	
14	$a_k^i < c_k^i, a_k^i < b_k^i, b_k^i = c_k^i$		强反势	反对态势强	
15	$a_k^i < c_k^i, a_k^i < b_k^i, b_k^i < c_k^i$		准反势	以反对为主要态势	
16	$c_k^i = 1$		全反势	全反对	

如果 $\forall k_1 \in [1, l], \forall k_2 \in [1, l]$ 且 $k_1 \neq k_2$ 时，式(4-8)都成立，即 $d_i^1 = d_i^2 = \cdots = d_i^l$。那么，该创业团队风险决策处于群体博弈全局均衡状态，把此种决策态势下选定的创业方案称为态势均衡方案，在此把全局均衡方案记作 d_i。

如果，$\exists k_1 \in [1,l], \exists k_2 \in [1,l]$，当 $k_1 \neq k_2$ 时，式（4-8）不成立，即 $d_i^{k_1} \neq d_i^{k_2}$。那么，该创业团队风险决策处于群体博弈局部均衡状态或不均衡状态，这种状态下做出的决策一般都会失败。这是因为在非全局均衡状态下，处于弱势的成员可以选择退出该创业团队，从而影响创业团队的稳定性。若在创业团队组建时，事先约定了具有约束力的决策机制，那么非全局均衡状态下的创业团队风险决策可能成功。例如，在“少数服从多数”的民主决策机制作用下，多数成员选定的方案会被创业团队采用。在此，把决策机制作用下局部均衡状态或不均衡状态下所选定的创业方案称为局部均衡方案或不均衡方案。所以，一般而言，在创业团队风险决策过程中，全局均衡方案优于局部均衡方案，更优于不均衡方案。

（2）优化条件。在创业团队风险决策过程中，最优化决策是每个创业成员的期望。对于任意一个创业成员而言，当其决策态势满足 $a_i^k/c_i^k \geqslant 1(k=1,2,\cdots,l)$ 时，其决策才不可能选定不可行方案，这是保障其最优化决策的基础性条件；当其决策处于最优态势时，其决策最优。对于创业团队而言，当所有成员在第 i 方案上的决策态势满足 $a_i^k/c_i^k \geqslant 1$ 和式（4-8）的均衡条件时，该方案才是创业团队的可行方案。在众多可选方案中，满足下述条件的方案才是创业团队的最优风险决策（见表4-1）。

假设在创业团队风险决策过程中，存在 $m'(m' \leqslant m)$ 个全局均衡方案（或含局部均衡方案），它们构成全局均衡（或局部均衡）方案集 $D=\{d_1,d_2,\cdots,d_{m'}\}$。如果在全局均衡（或局部均衡）方案集 D 中，$\exists d_{i*}=\max\limits_{1\leqslant i\leqslant m'}[sh(d_i)]$，那么 d_{i*} 为最优态势全局（或局部）均衡点，对应的创业方案 P_{i*} 为创业团队的最优（或次优）决策方案，这就是创业团队风险决策的集对博弈模型解的优化条件。

（3）稳定条件。无论创业方案 P_{i*} 是创业团队的最优决策方案，还是次优决策方案，这些方案都不一定是最可靠的创业方案。这主要是因为在创业团队风险决策时，往往是多个决策者同时决策，因此决策过程常常是非完全信息博弈。在此背景下，某些成员为确保自身价值最大化，常常会“微调”自己的决策，从而导致决策态势失衡。因此，创业团队成员在进行创业决策时，需要考虑其他成员的决策稳定性，即考虑其他成员的决策评价值 $d_i^k(i=1,2,\cdots,m;$

$k=1,2,\cdots,l$）的偏联系数（覃杰，赵克勤，2007）。由偏联系数的定义，可知偏正联系数：

$$\partial^{+}(d_i^k)=\partial^{+}(a_i^k)+I\partial^{+}(b_i^k)=\frac{a_i^k}{a_i^k+b_i^k}+\frac{b_i^k}{b_i^k+c_i^k}I \tag{4-9}$$

当差异度系数 I 按“比例原理”取 $I=\frac{\partial^{+}(a_i^k)}{\partial^{+}(a_i^k)+\partial^{+}(b_i^k)}$ 时，可计算偏正联系数的值，其值的大小反映了原联系数所描述事物向正方向发展趋势的强弱程度。

同理，偏负联系数：

$$\partial^{-}(d_i^k)=\partial^{-}(a_i^k)+I\partial^{-}(b_i^k)=\frac{b_i^k}{a_i^k+b_i^k}+\frac{c_i^k}{b_i^k+c_i^k}I \tag{4-10}$$

当差异度系数 I 按“比例原理”取 $I=\frac{\partial^{-}(a_i^k)}{\partial^{-}(a_i^k)+\partial^{-}(b_i^k)}$ 后，可计算偏负联系数的值，其值的大小反映了原联系数所描述事物向负方向发展趋势的强弱程度。

那么，创业团队中各成员的决策总趋势可用 $e_i^k=\partial^{+}(d_i^k)-\partial^{-}(d_i^k)$ 表示。当 $e_i^k>0$ 时，第 k 决策成员对第 i 创业方案的评价呈正向趋势；当 $e_i^k<0$ 时，第 k 决策成员对第 i 创业方案的评价呈负向趋势；当 $e_i^k=0$ 时，第 k 决策成员对第 i 创业方案的评价呈非负非正的临界趋势。

为此，在创业团队风险决策过程中，如果对于某创业方案 A_i 有 k' 个成员的决策总趋势 $|e_i^k|$ 最小，且 k' 最大，那么该方案是创业团队最可靠的决策方案。此时的决策态势最稳定，这就是创业团队风险决策参照点机制的集对博弈模型解的稳定条件。其中，最稳定的最优决策方案是创业团队风险决策参照点机制的集对博弈模型的最佳解；最稳定的次优决策方案和次稳定的最优决策方案是创业团队风险决策参照点机制的集对博弈模型的次优解。

综上所述，在创业团队风险决策过程中，每个成员都受到其多参照点效应的影响，并在多目标权衡和群体博弈中进行最优决策，以致创业团队风险决策的参照点机制受到群体博弈的均衡条件、优化条件和稳定条件的影响。其中，均衡条件是在多参照点效应下创业团队风险决策成功的首要条件；在满足均衡条件的决策方案中，满足优化条件的决策方案是创业团队风险决策优化的关键条件；在满足优化条件的决策方案中，满足稳定条件的决策方案是创业团队风险决策稳定的重要条件。只有同时满足均衡条件、优化条件和稳定条件的决策方案才是创业团队的最优决策，否则，就是次优决策或无效决策。

4.1.3 示例

某投资额为50万元的商机，三个创业者 P_1、P_2、P_3 有意结成创业团队以联合创业，但是三者对创业的投资额分配 C_1、职业规划 C_2、利润率 C_3、分红率 C_4 及业绩收入 C_5 等各有想法，所以三者在创业决策中形成了相互博弈关系。

（1）咨询专家提出了 $m=3$ 种创业合作方案（见表4－2）。各种创业合作方案从 $n=5$ 个目标指标进行了展开，详细约定了 $l=3$ 个成员 P_1、P_2、P_3 的投资额、职业规划及其权责划分、团队的经营利润率、最佳分红率和各自的业绩收入。

表4－2　创业合作方案

创业方案	创业成员	投资额/万元	职业规划	利润率（%）	分红率（%）	业绩收入/千元
A_1	P_1	30	总经理（战略、投资、重大采购、人事）	25	15	10
	P_2	10	技术总监（研发、技术设施采购、质保）	30	20	7
	P_3	10	销售总监（营销、品牌、常规采购、物流）	25	15	8
A_2	P_1	20	总经理（战略、投资、组织、重大人事、融资）	25	15	9
	P_2	15	技术总监（研发、技术设施采购、质保）	25	15	8
	P_3	15	销售总监（营销、品牌管理、常规采购）	25	15	8
A_3	P_1	18	总经理（战略策划、投资策划、运营）	20	18	8
	P_2	17	技术总监（研发、质保）	20	18	8
	P_3	15	销售总监（营销、企划、常规采购）	20	18	8

（2）在创业团队中，各创业成员对各指标的偏好不同，形成了不同的权重。各成员对各指标的权重如表 4－3 所示。

表 4－3　创业成员的目标指标权重

创业成员	权重				
	投资分配	职业规划	利润率	分红率	业绩收入
P_1	0.2	0.4	0.2	0.1	0.1
P_2	0.3	0.3	0.2	0.1	0.2
P_3	0.333	0.2	0.133	0.267	0.067

（3）在创业团队中，假设每个成员在进行决策时都有 $Y=3$ 个参照点的影响。在各参照点的影响下，每个成员对各创业方案所意愿的投入或产出，如表 4－4所示。

表 4－4　创业合作方案

创业方案	创业成员	参照点	投资额/万元	职业规划	利润率（%）	分红率（%）	业绩收入/千元
A_1	P_1	R_{11}	25	总经理（战略、投资、重大采购、人事）	25	12	12
		R_{12}	16	总经理（战略、投资、组织、人事）	20	18	10
		R_{13}	30	总经理（战略、投资、组织、财务）	30	20	15
	P_2	R_{21}	8	技术总监（研发、采购）	18	10	10
		R_{22}	15	技术总监（研发、生产、质量）	27	16	12
		R_{23}	12	技术总监（研发、采购、质量）	22	14	8
	P_3	R_{31}	8	销售总监（营销、企划、采购）	20	12	8
		R_{32}	6	销售总监（营销、物流）	18	10	7
		R_{33}	12	销售总监（营销、企划、质量）	26	16	10
A_2	P_1	R_{11}	20	总经理（战略、投资、重大采购、人事）	24	22	10
		R_{12}	24	总经理（战略、投资、融资、人事）	22	24	12
		R_{13}	18	总经理（战略、投资、组织、财务）	18	16	8
	P_2	R_{21}	18	技术总监（研发、采购）	22	21	9
		R_{22}	17	技术总监（研发、生产、质量）	20	18	8.2
		R_{23}	15	技术总监（研发、采购、质量）	15	15	7
	P_3	R_{31}	12	销售总监（营销、企划、采购）	18	16	8
		R_{32}	15	销售总监（营销、物流）	21	21	10
		R_{33}	10	销售总监（营销、企划）	15	15	7

续表

创业方案	创业成员	参照点	投资额/万元	职业规划	利润率（%）	分红率（%）	业绩收入/千元
A_3	P_1	R_{11}	20	总经理（运营、投资、重大采购）	20	15	10
		R_{12}	15	总经理（运营、投资）	18	10	8
		R_{13}	15	总经理（战略、运营）	16	11	9
	P_2	R_{21}	20	技术总监（研发、采购）	20	16	9
		R_{22}	18	技术总监（研发、质量）	18	12	8
		R_{23}	15	技术总监（研发、生产）	16	10	7
	P_3	R_{31}	15	销售总监（营销、企划、采购）	16	12	8
		R_{32}	10	销售总监（营销、物流）	15	10	6
		R_{33}	18	销售总监（营销、企划、财务）	20	15	9

显然，在 $n = 5$ 个评价指标中，投资额分配属于成本型投入指标，创业方案中约定的投资额与各创业者在多参照点下的期望投资额之间存在集对关系，其联系度可用式（4-4）求解；利润率、分红率和业绩收入属于效益型产出指标，创业方案中约定的这些产出指标与创业者在多参照点下的期望产出之间存在集对关系，其联系度可用式（4-3）求解；职业规划属于定性指标，创业方案中详细描述了各创业者的职业规划及其权责范围，这与创业者在多参照点下的职业规划及权责设想之间存在集对关系，其联系度可用式（4-5）求解。

对于创业者 P_1，其在方案 A_1 选择决策时，受多个参照点的影响，其在投资额、利润率、分红率和业绩收入等指标上的高值参照点分别为$\overline{\mu_{i1}^1} = 16$、$\overline{\mu_{i3}^1} = 0.3$、$\overline{\mu_{i4}^1} = 0.2$、$\overline{\mu_{i5}^1} = 15$；低值参照点分别为$\overline{\nu_{i1}^1} = 30$、$\overline{\nu_{i3}^1} = 0.2$、$\overline{\nu_{i4}^1} = 0.12$、$\overline{\nu_{i5}^1} = 10$。利用式（4-3）和式（4-4）可以确定该方案在这些指标上的集对联系度分别为

$$\mu_{11}^1 = 0.348 + 0.652J$$

$$\mu_{13}^1 = 0.5 + 0.02I + 0.48J$$

$$\mu_{14}^1 = 0.469 + 0.031I + 0.5J$$

$$\mu_{15}^1 = 0.48 + 0.02I + 0.5J$$

职业规划是定性指标，创业者 P_1 在方案 A_1 选择决策时，多参照点效应下

的职业规划中权责的最大公集为 $x_{12}^{1}=$ {战略、投资、组织、人事、重大采购、财务}。与创业方案中的职业规划权责集 {战略、投资、组织、重大人事} 相比，其在 {战略、投资、组织} 三个方面权责“相同”；在 {重大人事} 一个方面的权责“相异”；在 {重大采购} 一个方面的权责“相反”。所以，方案 A_1 在指标“职业规划”上的集对联系数为

$$\mu_{12}^{1}=\frac{3}{5}+\frac{1}{5}I+\frac{1}{5}J=0.6+0.2I+0.2J$$

由于创业者 P_1 在投资额、职业规划、利润率、分红率和业绩收入等指标上的权重分别为 {0.2，0.4，0.2，0.1，0.1}，所以，可以利用式（4－7）确定创业者 P_1 对创业方案 A_1 的批判结果为

$$d_1^1=0.504+0.089I+0.406J$$

同理，可以确定创业者 P_2 和 P_3 对创业方案 A_1，创业者 P_1、P_2 和 P_3 对创业方案 A_2 和 A_3 的评判结果如表 4－5 所示。

$$d_1^2=0.438+0.166I+0.396J$$
$$d_1^3=0.474+0.101I+0.426J$$
$$d_2^1=0.498+0.141I+0.361J$$
$$d_2^2=0.435+0.159I+0.406J$$
$$d_2^3=0.437+0.104I+0.459J$$
$$d_3^1=0.393+0.206I+0.401J$$
$$d_3^2=0.422+0.082I+0.496J$$
$$d_3^3=0.451+0.060I+0.490J$$

表 4－5　创业团队集对博弈解

创业方案	创业成员	判断矩阵	方案判断	稳定条件	
				总趋势值	结果
A_1	P_1	$0.4667+0.1367I+0.3967J$	同势可行方案	0.565 807	
	P_2	$0.5115+0.1221I+0.3664J$		0.652 037	
	P_3	$0.4749+0.1231I+0.4020J$		0.606 966	
A_2	P_1	$0.4067+0.1817I+0.4116J$	同势不可行方案		
	P_2	$0.4171+0.1400I+0.5029J$			
	P_3	$0.3692+0.1297I+0.5011J$			
A_3	P_1	$0.4222+0.0933I+0.4844J$	同势不可行方案		
	P_2	$0.4559+0.0722I+0.4720J$			
	P_3	$0.4159+0.1299I+0.4542J$			

续表

创业方案	创业成员	判断矩阵	方案判断	稳定条件	
				总趋势值	结果
A_4	P_1	$0.4689+0.1456I+0.3856J$	同势可行方案	0.549 25	稳定解
	P_2	$0.4394+0.1651I+0.3955J$		0.466 58	
	P_3	$0.4800+0.1098I+0.4103J$		0.644 64	
A_5	P_1	$0.4386+0.2280I+0.3335J$	不同势方案		
	P_2	$0.3966+0.1405I+0.4628J$			
	P_3	$0.5089+0.0945I+0.3966J$			
A_6	P_1	$0.3867+0.1408I+0.4725J$	不同势方案		
	P_2	$0.5309+0.1288I+0.3404J$			
	P_3	$0.4779+0.1622I+0.3599J$			
A_7	P_1	$0.3811+0.1829I+0.4359J$	不同势方案		
	P_2	$0.4776+0.0788I+0.4436J$			
	P_3	$0.3929+0.1086I+0.4986J$			
A_8	P_1	$0.4467+0.1482I+0.4051J$	不同势方案		
	P_2	$0.4152+0.1390I+0.4459J$			
	P_3	$0.4684+0.0827I+0.4490J$			
A_9	P_1	$0.5144+0.1356I+0.3500J$	不同势方案		
	P_2	$0.4195+0.1650I+0.4155J$			
	P_3	$0.4441+0.1010I+0.4549J$			

依据集对博弈的均衡条件可知：创业合作方案 A_1 和 A_3 是全局均衡方案，创业合作方案 A_2 是局部均衡方案。所以，在创业团队风险决策中，创业合作方案 A_1 和 A_3 会优先选择。但是，创业合作方案 A_3 不满足集对博弈的优化条件，各成员对该方案的决策都处于"弱反势"，因此，该方案不会被选择；而且，该方案的稳定性不及方案 A_1，总趋势值 $e_1^2 < e_3^2$，$e_1^3 < e_3^3$，所以，方案 A_1 是该创业团队风险决策博弈的全局均衡稳定最优解，即该创业团队的最优决策。

示例表明创业团队风险决策参照点机制的集对博弈模型既解决了多参照点决策机制问题，也为解决群体决策过程中的群体交互过程和个体偏好集结过程问题提供了新思路（杨雷，2004）。

4.2　创业团队风险决策的投入产出目标权衡机理

4.2.1　创业风险决策的投入产出目标权衡效应

创业是一项高风险、高收益的事业。创业者致力于创业，源于通过创业使其受益。收益是创业的驱动力和根本目的。然而收益的获取依赖于一定的投入，以致创业者在创业决策时，需要在投入和产出之间进行权衡，争取以最少的投入实现最大的收益，这种现象就是创业决策过程中的投入产出目标权衡效应。这种效应在创业团队风险决策过程中非常突出，而且呈现复杂的特征。

（1）在创业团队风险决策过程中，个体在投入、产出的权衡过程中进行决策。部分个体以投入能力为基准确定其最低产出期望，制定其产出目标；部分个体以产出期望为基准做出其最少投入决策，确定其投入目标，这都是创业者进行投入和产出权衡的典型表现。

（2）在创业团队风险决策过程中，个体进行投入、产出目标权衡时，并非孤立的，其在权衡过程中受到团队内其他个体的影响。一般而言，个体在创业决策时，会合理地选择联盟策略，以使其在创业过程中投入更少，而产出更多。所以，合作博弈是创业团队内个体进行投入、产出目标权衡过程中的重要影响因素。

（3）在创业团队风险决策过程中，个体进行投入、产出目标权衡时，创业项目的投入需求和预期产出都是影响个体目标权衡的重要因素，个体的实际投入、实际产出都受制于这两个因素。

（4）在创业团队风险决策过程中，个体在进行投入、产出目标权衡时，投入与产出的相关性是不可忽视的要素。个体的投入决定了创业团队的整体投入，整体投入决定了创业团队的产出规模；个体的期望产出决定了其投入。于是，形成如图 4－1 所示的系统动因图。

在创业团队风险决策过程中，个体投入产出目标权衡效应的存在使创业团队风险决策呈现两种行为模式：①以投入折合产出为依据进行决策；②以产出折合投入为依据进行决策。两种模式皆有较强的现实基础，在现实的创业风险决策过程中，如果某项策略都能满足创业者的全部目标，那么该策略极易被选中；同时，如果某项策略违背了创业者某项关键目标的实现，那么该策略也极

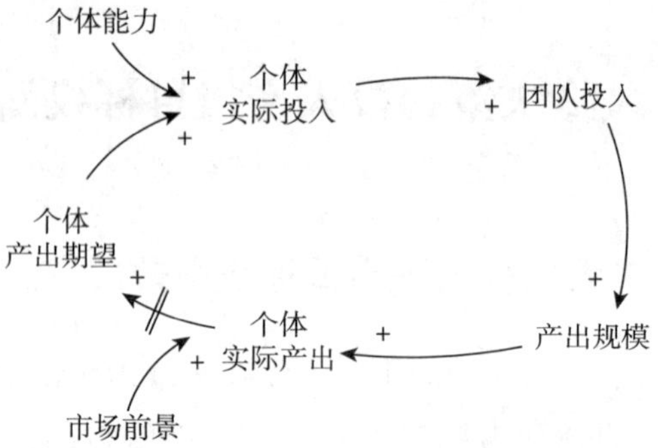

图 4-1　投入产出目标权衡系统动因

易被否定。当该关键目标是投入目标时，就可视为产出折合投入的创业风险决策；当该关键目标是产出目标时，就可视为投入折合产出的创业风险决策。所以，基于投入产出目标权衡产出结果的创业团队风险决策和基于投入产出目标权衡投入结果的创业团队风险决策是常见的两种行为模式。对于这两种模式可借助 DEA 博弈模型描述（李勇军，2008）。

4.2.2　投入折合产出的创业团队风险决策模型

在创业团队风险决策过程中，常常面临多种可供选择的创业方案。对于任意创业方案，个体基于其认知判断，都会展现出一定的投入意愿和部分产出期望。综合所有个体的投入意愿，即形成了创业团队的资源，这将决定创业团队所创企业的产能。产能完全调度所能创造的产出是创业团队的最大产出。各个个体的收益来源于该产出的合理分配，这种分配受到创业团队内成员之间的合作博弈影响。相对团队的产出，创业团队内的个体更关注个体的产出，并常以此为决策依据。当该产出高于产出期望时，个体会倾向于选择该创业方案；反之，则会否定该创业方案。这就是投入折合产出的创业团队风险决策基本思想。

4.2.2.1　基本假设

个体产出是创业者进行决策的基本依据，它是在合作博弈机制下由创业团队分配的。为呈现投入折合产出的创业风险决策过程，在此假设：

（1）创业团队中共有 n 个个体，所有个体作为一个理性决策单元，记作 $DMU_j(j = 1,2,\cdots,n)$，其在产出分割过程中，采取最大化的产出分割战略，即以其投入为基础，通过联盟策略的调整，争取最大的产出。

（2）所有个体都愿意参与合作博弈，从而最终能达成一个公平的愿意接受的产出分割方案 $O=(O_1,O_2,\cdots,O_n)$。

（3）在创业团队风险决策过程中，创业团队有 Γ 种创业方案。基于对 k 创业方案的认知（$k=1,2,\cdots,\Gamma$），每个个体的投入产出意愿分别为：给予 m 种投入 $x_{ij}^k(i=1,2,\cdots,m)$，得到 s 种产出 $y_{rj}^k(r=1,2,\cdots,s)$。

（4）基于所有个体的创业投入 x_{ij}^k，k 创业方案可实现团队的最大产出总额为 O_*^k，其中每个 DMU_j 可分割到的产出为 $O_j^k(j=1,2,\cdots,n)$。

4.2.2.2　投入折合产出的 DEA 博弈

设联盟 S 是局中人集 $N=\{1,2,\cdots,n\}$ 的一个子集，则联盟 S 的投入量和产出量分别记作：

$$x_i^k(S)=\sum_{j\in S}\nu_i^k x_{ij}^k,\quad y_r^k(S)=\sum_{j\in S}\mu_r^k y_{rj}^k \tag{4-11}$$

式中：μ_r^k 为产出 y_{rj}^k 的权重；ν_i^k 为投入 x_{ij}^k 的权重。

那么，考虑到投入-产出平衡、决策单元理性假设、群体理性假设，联盟 S 必将采取产出最大化分割的战略，即确保自己的产出最大。那么，联盟 S 的最大化分割产出 $V(S)$ 可由式（4-12）所示的线性规划求解。

$$\left.\begin{aligned}
&V(S)=\max_{\mu_r^k,\nu_i^k}\Big[\sum_{i=1}^{s}\nu_i^k x_i^k(S)-\sum_{r=1}^{m}\mu_r^k y_r^k(S)\Big]\\
&\text{s.t.}\ \sum_{j=1}^{n}\Big(\sum_{i=1}^{s}\nu_i^k x_{ij}^k-\sum_{r=1}^{m}\mu_r^k y_{rj}^k\Big)=O_*^k\\
&O_j^k=\sum_{i=1}^{s}\nu_i^k x_{ij}^k-\sum_{r=1}^{m}\mu_r^k y_{rj}^k\geqslant 0\\
&\mu_r^k,\nu_i^k\geqslant 0,\ \forall y,i
\end{aligned}\right\} \tag{4-12}$$

在式（4-12）中，$\sum_{j=1}^{n}\Big(\sum_{i=1}^{s}\nu_i^k x_{ij}^k-\sum_{r=1}^{m}\mu_r^k y_{rj}^k\Big)=O_*^k$ 表明创业团队最大产出 O_*^k 被完全分割；$O_j^k=\sum_{i=1}^{s}\nu_i^k x_{ij}^k-\sum_{r=1}^{m}\mu_r^k y_{rj}^k$ 表明创业团队中任意个体的投入-产出是平衡的；$O_j^k\geqslant 0$ 表明创业者是理性的。

由式（4-12）所确定的产出方案满足如下特性：

性质1：$V(\varnothing)=0,V(N)=O^*$。

性质2：对于任意 $S\subset N,T\subset N$ 且 $S\cap T=\varnothing$，有 $V(S)+V(T)\leqslant V(S+T)$。

基于式（4-12）所确定的 $V(S)$，可以确定每个个体的产出目标分割区间。设 $O^k = (O_1^k, O_2^k, \cdots, O_n^k)$ 是一个产出分配方案，那么在合作博弈（N,V）中，局中人 DMU_j 所分配产出额的上限满足如下条件：

$$O_j^k \leqslant V(\{j\})(j = 1,2,\cdots,n)$$

在合作博弈（N,V）中，局中人 DMU_j 所分配产出额的下限满足如下条件：

$$O_j^k \geqslant \Delta(j)(j = 1,2,\cdots,n)$$

其中

$$\Delta(j) = V(N) - V(N - \{j\})$$

在此 $V(N-\{j\})$ 是除 DMU_j 之外其他个体结盟时的最大产出。于是，$\Delta(j)$ 表示除 DMU_j 之外其他个体结盟时，该联盟分配产出的最小剩余。显然，在联盟 N 中，如果 DMU_j 分割的产出小于 $V(N) - V(N-\{j\})$，那么可以肯定产出 O^* 未完全分配，即不满足集体理性原则；同时，每个个体 DMU_j 都有其最低产出期望 $\overline{O_j}$，这是其决策的参照点，并且个体 DMU_j 的产出不得小于 $\overline{O_j}$，否则该个体不会参与合作创业。于是，

$$\min[\overline{O_j}, \Delta(j)] \leqslant O_j^k \leqslant V(\{j\}) \quad (j = 1,2,\cdots,n) \tag{4-13}$$

由于 $O^k = (O_1^k, O_2^k, \cdots, O_n^k)$ 是一个产出分配方案，依据整体理性原则，则

$$\sum_{j=1}^{n} O_j^k = V(N) = O_*^k \tag{4-14}$$

基于最小核心法的一般原理，创业团队内产出分割方案 O 必须满足个体理性［式（4-13）］和整体理性［式（4-14）］，而且满足联盟理性，即

$$\sum_{j \in S} O_j^k \leqslant V(S), \quad \forall S \subset N, \quad 1 < |S| < n \tag{4-15}$$

式（4-15）表明，对于任何联盟 S，其成员单独行动所获得的产出必然小于成员联盟后的总产出额。否则，没有个体愿意加入联盟 S，这样才能保证联盟 S 的存在。于是，

$$\left.\begin{aligned}
&\min_{\mu_r,\nu_i} \varepsilon^k \\
&\text{s.t.} \sum_{j \in S} O_j^k \geqslant V(S) - \varepsilon^k, 1 < |S| < n \\
&V(\{j\}) \geqslant O_j^k \geqslant \min[\overline{O_j}, \Delta(j)] \\
&\sum_{j=1}^{n} O_j^k = O_*^k \\
&O_j^k = \sum_{i=1}^{m} \nu_i^k x_{ij}^k - \sum_{r=1}^{s} \mu_r^k y_{rj}^k \\
&\mu_r^k, \nu_i^k, \varepsilon^k \geqslant 0, \forall r, i
\end{aligned}\right\} \tag{4-16}$$

式中：$|S|$ 为联盟 S 成员的个数。

式（4－16）的前三个约束条件分别是联盟理性、个体理性和整体理性，后三个约束条件是产出分配方案集。

显然，式（4－16）是一个线性规划模型，如果其有解，那么创业团队内 n 个个体皆对各自所得产出满意。这表明 k 创业方案是创业团队的优选策略；反之，k 创业方案是创业团队的否决策略。

在此，以一个示例简要地说明投入折合产出的过程。设某创业团队有 3 个成员，其投入如表 4－6 所示，其中有 1 单位的产出需要分割。

表 4－6　某创业团队的投入产出目标（未分割前）

DMU	投入 1	投入 2	产出
1	0.7	0.3	1
2	0.6	0.4	
3	0.5	0.5	

首先，依据式（4－12）分别求解各种联盟 S 下的特征函数值 $V(S)$，所得结果见表 4－7。

表 4－7　*DMU* 特征函数值

S	$V(S)$	S	$\Delta(S)$
$V(\{1\})$	0.388 9	$\Delta(\{1\})$	0.250 0
$V(\{2\})$	0.333 3	$\Delta(\{2\})$	0.333 3
$V(\{3\})$	0.416 7	$\Delta(\{3\})$	0.277 8
$V(\{12\})$	0.722 2	$\Delta(\{12\})$	0.583 3
$V(\{13\})$	0.666 7	$\Delta(\{13\})$	0.666 7
$V(\{23\})$	0.750 0	$\Delta(\{23\})$	0.611 1

其次，依据式（4－16）确定个体的产出分配结果如表 4－8 所示。

表 4－8　某创业团队的投入产出目标（分割后）

DMU	投入 1	投入 2	产出
1	0.7	0.3	0.319 4
2	0.6	0.4	0.333 3
3	0.5	0.5	0.347 2
ν	0.277 7	0.416 7	$\varepsilon = 0.069\ 4$

4.2.2.3　投入折合产出的创业团队风险决策

在创业风险决策过程中，创业团队常常有多种创业方案可供选择决策。以投入折合产出进行创业团队风险决策的基本思想如下。

（1）在 Γ 种创业方案中，对于任意创业方案 k，利用投入折合产出的 DEA 博弈模型进行分析：如果其对应的式（4－16）有解，那么将创业方案 k 纳入备选方案；否则，剔除该方案。

（2）当备选方案中有多个方案时，可依据各方案的 ε^k 值进行创业方案的优先选择。选择的基本原则是：优先选择 ε^k 值小的方案。之所以如此，是因为 ε^k 值越小，表明产出的分配离核心越近，即满足整体合理性和个体合理性的程度越强。

（3）当备选方案中没有可选方案时，表明 Γ 种创业方案中没有最佳创业方案。于是，要实施创业，就只能选择次优方案。选择次优方案的方法是：首先扩充每个个体的产出限制域，即将式（4－13）改变为 $\Delta(j) \leqslant O_j^k \leqslant V(\{j\})(j = 1,2,\cdots,n)$；然后再利用式（4－16）对每个方案进行产出再分割。如果某方案对应的式（4－16）有解，那么将该方案视为次优备选方案；反之，则否决该创业方案。当次优备选方案中有多个可选方案时，同样利用各方案的 ε^k 值进行优选，方法同（2）。

4.2.3　产出折合投入的创业团队风险决策模型

在创业团队风险决策过程中，每个个体都有一定的产出目标，要实现创业团队内所有个体的全部产出目标，必须依赖于一定程度的创业团队投入。创业团队投入的具体额度由商机及创业环境所决定。依据“木桶原理”，创业团队的产出受制于某些关键性投入（短板）。而该关键性的投入需要创业团队内所有个体的投入，于是，每个个体都面临着该关键性投入的决策问题。所以，在创业团队风险决策过程中，创业者的行为逻辑为：为了其产出目标的实现，应在关键性投入方面贡献更多。当该投入量高于其投入能力时，个体会倾向于否决该创业方案；当该投入量不及其投入能力时，个体倾向于选择该创业方案。这就是以产出折合投入结果进行创业团队风险决策的基本思想。

4.2.3.1　基本假设

个体投入是创业者进行决策的基本依据，它是在合作博弈条件下由创业团队分配的。为呈现产出折合投入的创业风险决策过程，在此假设：

（1）创业团队中 n 个个体作为一个理性决策单元 $DMU_j(j=1,2,\cdots,n)$，其在投入分配过程中，表现为采取最小化的投入策略，即以其产出期望为基础，通过联盟策略的调整，争取最小的投入。

（2）所有个体都愿意参与合作博弈，从而最终能达成一个公平的愿意接受的投入分割方案 $I=(I_1,I_2,\cdots,I_n)$。

（3）要满足所有个体的产出期望 y_{rj}^k，k 创业方案需要的关键性投入总额为 I_*^k，其中每个 DMU_j 可分割到的投入为 $I_j^k(j=1,2,\cdots,n)$。其他假设如4.2.2。

4.2.3.2 产出折合投入的DEA博弈

考虑到投入－产出平衡、决策单元理性假设、群体理性假设，联盟 S 必将采取最小化自身分割投入的战略。那么，联盟 S 的最小化分割投入 $V(S)$ 可由式（4－17）所示的线性规划求解。

$$\left.\begin{aligned}
&V(S)=\min_{\mu_r^k,\nu_i^k}\Big[\sum_{r=1}^{m}\mu_r^k y_r^k(S)-\sum_{i=1}^{s}\nu_i^k x_i^k(S)\Big]\\
&\text{s.t.}\ \sum_{j=1}^{n}\Big(\sum_{r=1}^{m}\mu_r^k y_{rj}^k-\sum_{i=1}^{s}\nu_i^k x_{ij}^k\Big)=I^*\\
&I_j^k=\sum_{r=1}^{m}\mu_r^k y_{rj}^k-\sum_{i=1}^{s}\nu_i^k x_{ij}^k\geqslant 0\\
&\mu_r^k,\nu_i^k\geqslant 0,\ \forall r,i
\end{aligned}\right\}\qquad(4-17)$$

在式（4－17）中，$\sum_{j=1}^{n}\Big(\sum_{r=1}^{m}\mu_r^k y_{rj}^k-\sum_{i=1}^{s}\nu_i^k x_{ij}^k\Big)=I_*^k$ 表明总额为 I_*^k 的某项投入被完全分配；$I_j^k=\sum_{r=1}^{m}\mu_r^k y_{rj}^k-\sum_{i=1}^{s}\nu_i^k x_{ij}^k$ 表明任意个体的投入－产出是平衡的；$I_j^k\geqslant 0$ 表明创业者是理性的。

由式（4－17）所确定的投入方案满足如下特性：

性质1：$V(\varnothing)=0$，$V(N)=I^*$。

性质2：对于任意 $S\subset N$，$T\subset N$ 且 $S\cap T=\varnothing$，有 $V(S)+V(T)\leqslant V(S+T)$。

基于式（4－17）所确定的 $V(S)$，可以确定每个个体的投入目标分割区间。设 $I^k=(I_1^k,I_2^k,\cdots,I_n^k)$ 是一个投入分割方案，那么在合作博弈 (N,V) 中，局中人 DMU_j 所分配投入额的下限为

$$I_j^k\geqslant V(\{j\})\ (j=1,2,\cdots,n)$$

在合作博弈（N,V）中，局中人 DMU_j 所分配投入额的上限为

$$I_j^k \leqslant \Delta(j)\ (j=1,2,\cdots,n)$$

其中
$$\Delta(j)=V(N)-V(N-\{j\})$$

在此，$V(N-\{j\})$ 是除 DMU_j 之外其他个体结盟时的最小投入。于是，$\Delta(j)$ 表示除 DMU_j 之外其他个体结盟时，该联盟分配投入的最小差额。显然，在联盟除 N 中，如果 DMU_j 分割的投入小于 $V(N)-V(N-\{j\})$，那么可以肯定总体投入 I_*^k 未完全分割，即不满足整体理性原则。同时，每个个体 DMU_j 都有其最大投入能力 $\overline{I_j}$，这是其决策的参照点；并且个体 DMU_j 的投入不得高于 $\overline{I_j}$，否则该个体不能参与合作创业。于是，

$$\min[\overline{I_j},\Delta(j)] \geqslant I_j^k \geqslant V(\{j\})\quad (j=1,2,\cdots,n) \tag{4-18}$$

由于 $I^k=(I_1^k,I_2^k,\cdots,I_n^k)$ 是一个投入分配方案，依据整体理性原则，则

$$\sum_{j=1}^{n} I_j^k = V(N) = I_*^k \tag{4-19}$$

基于最小核心法的一般原理，创业团队投入分配方案 I 要求满足个体理性［式（4－18）］和整体理性［式（4－19）］，而且满足联盟理性，即

$$\sum_{j\in S} I_j^k \geqslant V(S),\quad \forall S\subset N,\quad 1<|S|<n \tag{4-20}$$

式（4－20）表明，对于任何联盟 S，其成员单独行动所付出的投入必然不小于成员联盟后的总投入额。否则，没有个体愿意加入联盟 S，这样才能保证联盟 S 的存在。于是，

$$\left.\begin{array}{l}
\min\limits_{\mu_r,\nu_i}\varepsilon^k \\
\text{s. t.}\ \sum\limits_{j\in S} I_j^k \leqslant V(S)+\varepsilon^k,\quad 1<|S|<n \\
\min[\overline{I_j},\Delta(j)] \geqslant I_j^k \geqslant V(\{j\}) \\
\sum\limits_{j=1}^{n} I_j^k = I_*^k \\
I_j^k = \sum\limits_{r=1}^{s}\mu_r^k y_{rj}^k - \sum\limits_{i=1}^{m}\nu_i^k x_{ij}^k \\
\mu_r^k,\nu_i^k,\varepsilon^k \geqslant 0,\forall r,i
\end{array}\right\} \tag{4-21}$$

式中：$|S|$ 为联盟 S 成员的个数。

式（4－21）的前三个约束条件分别是联盟理性、个体理性和整体理性，后三个约束条件是投入分配方案集。

显然，式（4－21）是一个线性规划模型，如果其有解，那么创业团队内 n 个个体皆对各自所需投入满意。这表明 k 创业方案能够被创业团队优选；反之，k 创业方案将被创业团队否决。

在此，以一个示例简要地说明产出折合投入的过程。设某创业团队有 4 个成员，其产出如表 4－9 所示，其中有 1 单位的投入需要分配。

表 4－9　某创业团队的投入产出目标（未分割前）

DMU	投入	产出 1	产出 2	产出 3
1	1	0.6	0.3	0.1
2		0.5	0.3	0.2
3		0.2	0.4	0.4
4		0.1	0.2	0.7

首先，依据式（4－17）分别计算各种联盟 S 下的特征函数值 $V(S)$，所得结果见表 4－10。

表 4－10　*DMU* 特征函数值

S	$V(S)$	S	$\Delta(S)$
$V(\{1\})$	0.106 4	$\Delta(\{1\})$	0.534 9
$V(\{2\})$	0.212 8	$\Delta(\{2\})$	0.476 7
$V(\{3\})$	0.116 3	$\Delta(\{3\})$	0.403 0
$V(\{4\})$	0.058 1	$\Delta(\{4\})$	0.255 3
$V(\{12\})$	0.319 1	$\Delta(\{12\})$	0.825 6
$V(\{13\})$	0.465 1	$\Delta(\{13\})$	0.651 2
$V(\{14\})$	0.373 1	$\Delta(\{14\})$	0.593 0
$V(\{23\})$	0.407 0	$\Delta(\{23\})$	0.626 9
$V(\{24\})$	0.348 8	$\Delta(\{24\})$	0.534 9
$V(\{34\})$	0.174 4	$\Delta(\{34\})$	0.680 9
$V(\{123\})$	0.744 7	$\Delta(\{123\})$	0.941 9
$V(\{124\})$	0.597 0	$\Delta(\{124\})$	0.883 7
$V(\{234\})$	0.465 1	$\Delta(\{234\})$	0.893 6
$V(\{134\})$	0.523 3	$\Delta(\{134\})$	0.787 2

其次，依据式（4-21）确定个体的投入分割结果如表4-11所示。

表4-11　某创业团队的投入产出目标（分割后）

DMU	投入	产出1	产出2	产出3
1	0.262 8	0.6	0.3	0.1
2	0.244 7	0.5	0.3	0.2
3	0.241 8	0.2	0.4	0.4
4	0.120 9	0.1	0.2	0.7
μ	ε = 0.188 3	0.180 9	0.514 1	0

4.2.3.3　产出折合投入的创业团队风险决策

在创业风险决策过程中，创业团队常常有多种创业方案可供选择。以产出折合投入进行创业团队风险决策的基本思路如下。

（1）在Γ种创业方案中，对于任意创业方案k，利用产出折合投入的DEA博弈模型进行分析，如果其对应的式（4-21）有解，那么将创业方案k纳入备选方案；否则，剔除该方案。

（2）当备选方案中有多个方案时，可依据各方案的ε^k值进行创业方案的优先选择。选择的基本原则是：优先备选方案中ε^k值小的方案。这样以确保投入分配满足整体合理性和个体合理性的程度越强。

（3）当没有最佳创业方案时，可通过以下方法选择次优方案：首先扩充每个个体投入限制域，即将式（4-18）改为$\Delta(j) \geqslant O_j^k \geqslant V(\{j\})$ $(j=1, 2, \cdots, n)$；然后再利用式（4-21）对每个方案进行投入再分割。如果某方案对应的式（4-21）有解，那么将该方案纳入次优备选方案；反之，则否决该创业方案。当次优备选方案中有多个可选方案时，同样利用各方案的ε^k值进行优选，方法同（2）。

4.3　创业团队风险决策的短、中、长期目标权衡机理

4.3.1　创业决策的短、中、长期目标权衡效应

创业是一项高风险的事业。既然是事业，那么创业者对其的决策将不限于

短期目标的实现，而是基于职业发展的长期规划，并以此做出了长久性决策。所以，在创业团队风险决策过程中，团队内的个体不仅会考虑创业对其短期目标实现的贡献；还需要考虑创业对其中期目标、长期目标实现的贡献。于是，在创业团队风险决策过程中，团队内的个体需要在短期、中期和长期目标之间进行权衡，做出短、中、长期目标皆满意的决策。在此，把这种现象称为创业团队风险决策的短、中、长期目标权衡效应。在创业团队风险决策过程中，短、中、长期目标的权衡效应表现出如下 4 个特点。

（1）每个个体在创业决策过程中，都有不同的目标参照点，而且短期目标、中期目标和长期目标的参照点各不相同，以致各种目标给创业者带来的价值函数（Kahneman，Tversky，1979）各不相同，但都呈现出一些共同的规律：当预期优于目标参照点时，目标实现程度给创业者带来的价值函数是凹函数；当预期不及目标参照点时，目标实现程度给创业者带来的价值函数是凸函数。创业者对不及目标参照点的决策方案持厌恶态度，且创业者对此非常敏感。

（2）每个个体在创业决策过程中，都关注决策对短期目标、中期目标和长期目标的贡献，但是因个体风险倾向不同，其对短期目标、中期目标和长期目标的关注程度存在差异，这是导致创业者在创业团队风险决策过程中需要进行多目标权衡的根本依据。风险厌恶型创业者，更关注创业的短期目标，即决策对短期目标实现的贡献；风险追求型创业者，更关注创业的长期目标，即决策对长期目标实现的贡献。

（3）在创业团队风险决策过程中，各种方案对各个个体短期、中期和长期目标的贡献程度是不同的，以致各个个体对各种方案的选择和评价不尽相同，从而促使个体在创业团队风险决策过程中合作博弈。每个个体合作博弈的依据是实现自身的效用最大化。但是，每个方案给个体带来的效用不仅取决于该方案能否实现其短期、中期和长期目标；还取决于各方案能够实现其短期、中期和长期目标的概率。

（4）在创业团队风险决策过程中，创业者在短期目标、中期目标和长期目标的权衡中进行决策。但是，短期、中期和长期目标的权衡是以团队内的合作博弈为前提的。创业团队在创业过程中的投入和产出是通过合作博弈实现配置的，为此，合作博弈影响着各个创业者的投入和产出，后者是创业者短期、中期和长期目标的重要内容。所以，合作博弈将改变其短期目标、中期目标和长期目标之间相互权衡的基础。

4.3.2 创业决策的短、中、长期目标满意效用函数

在创业团队风险决策过程中，存在一些相互关联的因素影响着所有个体乃至整个创业团队的决策。这些因素包括以下三个方面。

4.3.2.1 产出

创业企业当年的市场前景是影响创业企业年末产出的重要因素。当市场前景不佳，产品处于滞销状态时，企业的年内产能将不会被完全利用，进而影响年末产出；反之，当市场前景较好，产品处于畅销状态时，将拉动年内产品产量的提升，促进企业年内产能的尽数发挥，导致更多的年末产出。而市场前景是一个随机因素，并不是创业企业能够有效控制的，这导致创业企业的年末产出也是一个随机变量。当创业企业的年末产出是一个随机变量时，创业团队内个体的产出也将是一个随机变量。在此，假设创业团队内某个体 i 在 t 年末的产出为 q_t^i，其概率为 $P(q_t^i = O_t^i) = P_{O_t^i}$。

4.3.2.2 投入

市场前景既影响创业企业当期的年末产出，也影响创业投入决策。在创业团队风险决策过程中，作为理性个体，创业者对创业投入的决策是以市场前景的预估为决策依据的。当预估创业企业未来的市场前景良好时，将促使创业者给予更多的创业投入；当预估创业企业未来的市场前景不好时，将遏制创业者的创业投入意愿，甚至不投入或不创业。所以，对市场前景的预估是影响创业投入的重要因素。但是，在创业团队风险决策过程中，各个创业者对创业企业的市场预估是确定的，为此，创业投入也是确定的，是个体可以控制的，属于自控变量。在此，假设创业团队内某个体 i 在 t 年初的投入为 I_t^i。

4.3.2.3 创业投入和创业产出的相互权衡

虽然市场前景每年都在变化，创业企业的产出也在随机变动，但是，作为创业团队内的个体，其是基于其创业投入和创业产出进行决策的，而不是创业企业的投入和产出；而且，个体是在其创业投入和创业产出的权衡之间进行决策。创业投入和创业产出的权衡，可延伸出如下指标：净现值、投资回收期、内部收益率、获利指数等。在此，仅以净现值为例探讨个体在创业团队风险决

策过程中的短、中、长期目标权衡规律。

净现值（NPV）是指在创业项目计算期内，按行业基准收益率或企业设定的贴现率计算的创业投资项目未来各年现金净流量现值的代数和，如式（4－22）所示。

$$NPV = \sum_{t=0}^{n} \frac{NCF_t}{(1+\tau)^t} \tag{4-22}$$

其中

$$NCF_t = O_t - I_t$$

式中：NPV 为计算期 n 内的净现值；τ 为贴现率；NCF_t 为 t 年的现金净流量；I_t 为 t 年的投入；O_t 为 t 年的产出。

净现值是创业投资决策过程中的重要参考指标，作为创业团队内的个体，其创业决策也可参照该指标。不同之处在于：其考察的现金净流量是个体自身的现金净流量。于是，可将净现值计算公式进行如下变化：

$$NPV^{n^i} = \sum_{t=0}^{n^i} \frac{NCF_t^i}{(1+\tau)^t} \tag{4-23}$$

其中

$$NCF_t^i = q_t^i - I_t^i$$

式中：NPV^{n^i} 为创业团队中个体 i 在计算期 n^i 内的净现值；τ 为贴现率；NCF_t^i 为创业团队中个体 i 在第 t 年的现金净流量；I_t^i 为创业团队中个体 i 在第 t 年的投入；q_t^i 为创业团队中个体 i 在第 t 年的产出。

由于创业企业的产出是一个受市场前景影响的随机变量，而创业团队内个体的产出又是依据创业企业产出进行分配的，所以，创业团队内个体的产出也是一个随机变量。但是，创业团队内个体的投入则是一个可控变量，因此可作为一个常量。于是，创业团队中个体 i 的净现值也是一个随机变量，其概率受每年产出的影响。由于各年的产出是无关的，所以根据每年产出的概率可以计算任意周期 n^i 内个体 i 的净现值及其概率。

假设个体 i 的净现值及其概率分布为

$$P(NPV^{n^i} = npv_n^i) = p_{npv_n^i} \tag{4-24}$$

创业团队内的个体进行创业决策时，需要对短、中、长期目标进行权衡考虑。假设个体 i 的短、中、长周期分别为 s^i、m^i 和 n^i，其中，$s^i < m^i < n^i$；短、中、长期目标分别为 $objective_s^i$、$objective_m^i$ 和 $objective_l^i$，这也是短、中、长期目标

权衡的参照点。根据前景理论，短、中、长期目标满足程度的价值函数各不相同。其中，短期目标满足程度的价值函数如式（4－25）所示：

$$\nu_s^i(npv_s^i)=\begin{cases}(npv_s^i-objective_s^i)^\alpha, & npv_s^i\geqslant objective_s^i\\ -\lambda(objective_s^i-npv_s^i)^\alpha, & npv_s^i<objective_s^i\end{cases}\tag{4-25}$$

中期目标满足程度的价值函数如式（4－26）所示：

$$\nu_m^i(npv_m^i)=\begin{cases}(npv_m^i-objective_m^i)^\alpha, & npv_m^i\geqslant objective_m^i\\ -\lambda(objective_m^i-npv_m^i)^\alpha, & npv_m^i<objective_m^i\end{cases}\tag{4-26}$$

长期目标满足程度的价值函数如式（4－27）所示：

$$\nu_l^i(npv_l^i)=\begin{cases}(npv_l^i-objective_l^i)^\alpha, & npv_l^i\geqslant objective_l^i\\ -\lambda(objective_l^i-npv_l^i)^\alpha, & npv_l^i<objective_l^i\end{cases}\tag{4-27}$$

式（4－25）~式（4－27）中：$\nu_s^i(npv_s^i)$、$\nu_m^i(npv_m^i)$ 和 $\nu_l^i(npv_l^i)$ 分别为个体 i 在短、中、长期内净现值 npv_s^i、npv_m^i 和 npv_l^i 满意程度的价值函数；α 为风险倾向指数；λ 为风险规避指数。

对于创业团队内的个体 i，其在短、中、长期内净现值分别为 npv_s^i、npv_m^i 和 npv_l^i 的概率可由式（4－24）确定。于是，各净现值对个体 i 的效用的贡献权重可由式（4－28）求解。

$$\left.\begin{aligned}\pi^+(p)&=\frac{p^\gamma}{[p^\gamma+(1-p)^\gamma]^{\frac{1}{\gamma}}}\\ \pi^-(p)&=\frac{p^\delta}{[p^\delta+(1-p)^\delta]^{\frac{1}{\delta}}}\end{aligned}\right\}\tag{4-28}$$

式中：p 分别等于 $p_{npv_s^i}$、$p_{npv_m^i}$ 和 $p_{npv_l^i}$，表示在短、中、长期内净现值分别为 npv_s^i、npv_m^i 和 npv_l^i 的概率；r 和 δ 为个体 i 的风险态度。

于是，短、中、长期目标给个体 i 带来的满意程度效用分别可用式（4－29）~式（4－31）计算。

短期目标给个体 i 的满意度效用为

$$V_s^i = \sum \pi_s^i \nu_s^i (npv_s^i)$$
$$= \sum_{\forall npv_s^i \geqslant objective_s^i} \frac{(p_{npv_s^i})^\gamma (npv_s^i - objective_s^i)^\alpha}{\left\{(p_{npv_s^i})^\gamma + [1 - (p_{npv_s^i})]^\gamma\right\}^{\frac{1}{\gamma}}} -$$
$$\sum_{\forall npv_s^i < objective_s^i} \frac{\lambda (p_{npv_s^i})^\delta (objective_s^i - npv_s^i)^\alpha}{\left\{(p_{npv_s^i})^\delta + [1 - (p_{npv_s^i})]^\delta\right\}^{\frac{1}{\delta}}} \quad (4-29)$$

中期目标给个体 i 的满意度效用为

$$V_m^i = \sum \pi_m^i \nu_m^i (npv_m^i)$$
$$= \sum_{\forall npv_m^i \geqslant objective_m^i} \frac{(p_{npv_m^i})^\gamma (npv_m^i - objective_m^i)^\alpha}{\left\{(p_{npv_m^i})^\gamma + [1 - (p_{npv_m^i})]^\gamma\right\}^{\frac{1}{\gamma}}} -$$
$$\sum_{\forall npv_m^i < objective_m^i} \frac{\lambda (p_{npv_m^i})^\delta (objective_m^i - npv_m^i)^\alpha}{\left\{(p_{npv_m^i})^\delta + [1 - (p_{npv_m^i})]^\delta\right\}^{\frac{1}{\delta}}} \quad (4-30)$$

长期目标给个体 i 的满意度效用为

$$V_l^i = \sum \pi_l^i \nu_l^i (npv_l^i)$$
$$= \sum_{\forall npv_l^i \geqslant objective_l^i} \frac{(p_{npv_l^i})^\gamma (npv_l^i - objective_l^i)^\alpha}{\left\{(p_{npv_l^i})^\gamma + [1 - (p_{npv_l^i})]^\gamma\right\}^{\frac{1}{\gamma}}} -$$
$$\sum_{\forall npv_l^i < objective_l^i} \frac{\lambda (p_{npv_l^i})^\delta (objective_l^i - npv_l^i)^\alpha}{\left\{(p_{npv_l^i})^\delta + [1 - (p_{npv_l^i})]^\delta\right\}^{\frac{1}{\delta}}} \quad (4-31)$$

在一个创业团队内，不同的个体其风险倾向不同，其对短期目标、中期目标和长期目标的关注程度也不尽相同。因此，在短、中、长期目标上满意程度给个体的效用也不尽相同，以致其对个体创业决策的影响也不尽相同。假设短、中、长期目标对于创业团队内个体 i 的重要程度分别为 ω_s^i、ω_m^i 和 ω_l^i，那么，在短、中、长期目标上满意程度给该个体的效用就可表示为

$$V_i = \sum_{j=1}^{3} \omega_{ij} V_{ij} = \omega_s^i V_s^i + \omega_m^i V_m^i + \omega_l^i V_l^i \quad (4-32)$$

式（4-32）表示某创业方案在满足个体 i 短、中、长期目标方面的总效用，这是个体 i 选择某项创业方案的判断依据。

4.3.3 创业风险决策的短、中、长期目标博弈

在创业团队风险决策过程中，创业团队常常有多种创业方案，并在多个创业方案中进行选择。而对于创业团队中的每个个体，不同创业方案的市场前景不同，要求其付出的投入也不相同，相应的产出也不同。于是，每个个体在对不同创业方案的认知过程中，将形成不同的感知。因此，不同的创业方案给每个个体的效用是不尽相同的。在创业团队风险决策过程中，对于每个个体，其决策的期望是实现自身效用的最大化，这也是其创业决策的基础。

在创业团队风险决策过程中，假设存在 Γ 个创业方案，该方案要求创业团队内不同个体给予不同的投入，也给予不同的产出。于是，每个个体在不同目标参照点比较之中形成不同的效用，假设 k 创业方案给创业者 i 的效用为 V_{ik}，其可以式（4-33）求解，即

$$V_{ik} = \sum_{j=1}^{3} \omega_{ij} V_{ijk} = \omega_s^i V_{sk}^i + \omega_m^i V_{mk}^i + \omega_l^i V_{lk}^i \tag{4-33}$$

式中：ω_{ij} 为个体 i 的第 j 目标指标的权重；V_{ijk} 为基于第 j 目标指标第 k 创业方案给个体 i 带来的目标满意效用。

由式（4-29）~式（4-31）可知，V_{ijk} 是个体 i 在各时段投入和产出的函数。

在创业团队风险决策过程中，每个个体都希望团队所选择的创业方案给其带来的目标满意效用最大。于是，在创业团队风险决策过程中，会形成错综复杂的合作博弈关系。合作博弈改变了每个个体在创业各时段应承担的投入和应享有的产出。为此，合作博弈过程中各时段的投入和产出是控制变量，目标满意效用是目标变量，于是，合作博弈的平衡取决于式（4-34）：

$$\left.\begin{aligned} &\max_{i=1,2,\cdots,m} V_{ik}(I_{ik}, O_{ik}) \\ &\text{s.t.} \sum_{i=1}^{m} I_{ikt} = I_{kt} \\ &\sum_{i=1}^{m} O_{ikt} = O_{kt} \end{aligned}\right\} \tag{4-34}$$

显然，式（4－34）是一个多目标规划问题。其中，$I_{ik} = (I_{ik1}, I_{ik2}, \cdots, I_{ikt}, \cdots)$ 是个体 i 在各时段初给予创业方案 k 的投入的集合；$O_{ik} = (O_{ik1}, O_{ik2}, \cdots, O_{ikt}, \cdots)$ 是个体 i 在各时段末从创业方案 k 得到的产出的集合；I_{kt} 是 t 时段创业团队对创业方案 k 的整体投入；O_{kt} 是 t 时段创业团队从创业方案 k 获得的整体产出。如果多目标规划问题式（4－34）无解，那么表示 k 创业方案被创业团队否决；反之，表示创业团队接受 k 创业方案。

第5章　创业团队风险决策的自学习进化机理

5.1　创业团队风险决策的权谋行为

5.1.1　创业决策中的权谋策略选择行为

创业团队风险决策是典型的群体决策问题。在创业团队风险决策过程中，如一般的群体决策问题，同样存在团队内个体的决策权分配问题，这对于创业团队风险决策至关重要。如同一般的群体，对于创业团队内个体的决策权，一般也是来源于奖赏权、强制权、法定权、参考权和专家权（French，Baven，1959）。有些创业团队的组建早于创业点子的产生，这类创业团队，在创业之初就以相同的思路、社会关系和经验等因素为基础组建一支创业团队，然后在团队协商中产生创业点子（李作战，2008），以致创业团队内个体的决策权主要来源于奖赏权、强制权和法定权；有些创业团队的组建晚于创业点子的产生，常常由某位核心成员首先提出思路或开始创业，然后在一个相当短的时间内吸引到其他志同道合的创业者加盟，经过磨合后形成稳定的创业团队，以致参考权和专家权成为这类创业团队内个体决策权分布的主导依据。可见，创业团队内个体的决策权分布与创业团队的组建过程、组建模式相关。

但是，无论创业团队以何种模式组建，也无论创业团队内个体的决策权来源如何，在决策权来源作用下，都会使创业团队内的决策权分布呈现聚焦现象。所谓聚焦现象就是指一个群体内决策权会无意识地向个别特定的个体、团队倾斜的现象，这种现象常常表现出如下三种形式。

（1）对专家、权威的过分信任会使群体中的个体信任专家、权威的一切，包括其见解、决策，以致在创业团队风险决策过程中，在认知、决策等方面向专家、权威倾斜，从而使自己的决策权被稀释，专家、权威的决策权被放大。

（2）受制于强制权、法定权的“威胁”，某些个体在决策过程中会掀起“阿谀奉承”之风，夸大创业团队内“领袖”的见解、主张和决策，从而“放弃”自身的决策权，抬高“领袖”的决策权。

（3）受制于奖赏权的“诱惑”，某些个体在决策过程中会掀起“尊领袖”之风，跟随创业团队内“领袖”的“站队”，从而“放弃”自身的决策权，抬高“领袖”的决策权。

这些现象存在于创业团队风险决策过程中，是创业者在创业团队风险决策过程中权谋行为的具体表现，这些现象与创业团队内的决策权分布有关（陈刚，谢科范，2010），但是这种相关性并非绝对的。很多情况下，创业者都是根据当时的情景做出的相机性决策，以致有时坚持己见、有时偏信意见领袖、有时遵从领导，从而使创业团队风险决策过程是一个变权群体决策过程。

5.1.2　创业团队风险决策过程的权重分布

聚焦现象在创业团队风险决策过程中的存在使群体的见解、决策更接近于专家、权威和“领袖”的见解、决策。于是，与群体见解、决策“距离”越近的个体，其在创业团队风险决策过程中的权重越大；反之，其在创业团队风险决策过程中的权重越小。这说明，在创业团队风险决策过程中，个体与群体的决策“距离”和个体的权重成反比。基于此，可确定创业团队风险决策过程中各个个体的权重。

（1）假设由 m 个成员 $S_1,S_2,\cdots,S_m$ 组成的群体 G 中，每个成员都对 n 个评价对象 $B_1,B_2,\cdots,B_n$ 进行评价。其中，$x_{ij}(i=1,2,\cdots,m;j=1,2,\cdots,n)$ 代表第 i 个成员对第 j 个评价对象的评价值，于是各成员对各方案的判断信息矩阵 $\boldsymbol{X}$ 为

$$\boldsymbol{X}=(x_{ij})_{m\times n}=\begin{pmatrix} x_{11} & x_{12} & \cdots & x_{1n} \\ x_{21} & x_{22} & \cdots & x_{2n} \\ \vdots & \vdots & & \vdots \\ x_{m1} & x_{m2} & \cdots & x_{mn} \end{pmatrix} \tag{5-1}$$

（2）假设创业团队群体对各方案的判断信息矩阵 $\boldsymbol{X}_g$ 为

$$\boldsymbol{X}_g = (x_{g1}, x_{g2}, \cdots, x_{gn}) \tag{5-2}$$

那么，创业团队中个体 S_i 与群体决策 $\boldsymbol{X}_g = (x_{g1}, x_{g2}, \cdots, x_{gn})$ 的“距离”为

$$\Delta_{ig} = \sqrt{\sum_{j=1}^{n} (b_{ij} - x_{gj})^2} \tag{5-3}$$

其中

$$b_{ij} = x_{ij} / \sum_{j=1}^{n} x_{ij}$$

由于在创业团队风险决策过程中，个体与群体的决策“距离”和个体的权重成反比，所以，创业团队中成员 S_i 的权重可表示为

$$\omega_i = k / \Delta_{ig} \tag{5-4}$$

针对创业团队中各成员的权重进行归一化处理，即

$$\sum_{i=1}^{m} \omega_i = \sum_{i=1}^{m} k / \Delta_{ig} = 1 \tag{5-5}$$

那么，$k = 1 \Big/ \left(\sum_{i=1}^{m} \frac{1}{\Delta_{ig}} \right)$。

于是，在创业团队风险决策过程中创业团队内各个个体的权重可表示为

$$\omega_i = \frac{1}{\Delta_{ig} \left(\sum_{i=1}^{m} \frac{1}{\Delta_{ig}} \right)} = \frac{1}{\sqrt{\sum_{j=1}^{n} (b_{ij} - x_{gj})^2} \left[\sum_{i=1}^{m} \frac{1}{\sqrt{\sum_{j=1}^{n} (b_{ij} - x_{gj})^2}} \right]} = \frac{\lambda_i}{\sum_{i=1}^{m} \lambda_i} \tag{5-6}$$

其中

$$\lambda_i = \frac{1}{\sqrt{\sum_{j=1}^{n} (b_{ij} - x_{gj})^2}}$$

5.1.3 创业团队风险决策的变权相对熵集结模型

相对熵集结模型最早由魏存平、邱菀华、杨继平于1999年提出，其核心思想是：在群体决策过程中，每个个体都希望自己的决策与群体的决策偏离值最小。基于此，其提出了如式（5-7）所示的群体决策的相对熵集结模型：

$$\left.\begin{aligned} \min Q(\boldsymbol{x}_g) &= \sum_{i=1}^{m} w_i \sum_{j=1}^{n} \left(\log x_{gj} - \log \frac{x_{ij}}{\sum_{j=1}^{n} x_{ij}} \right) x_{gj} \\ \text{s. t.} \sum_{j=1}^{n} x_{gj} &= 1, \quad x_{gj} > 0 \end{aligned}\right\} \tag{5-7}$$

式中：$w_i(i = 1,2,\cdots,m)$ 为成员 S_i 的权重；$(x_{g1},x_{g2},\cdots,x_{gn})$ 是群体对 n 个评价对象的群体偏好向量。

于是，将式（5－6）确定的权重代入式（5－7），可得群体决策的变权相对熵集结模型：

$$\left.\begin{aligned} \min Q(\boldsymbol{x}_g) &= \sum_{i=1}^{m} \frac{\lambda_i}{\sum_{i=1}^{m} \lambda_i} \sum_{j=1}^{n} (\log x_{gj} - \log b_{ij}) x_{gj} \\ \text{s. t.} \sum_{j=1}^{n} x_{gj} &= 1, \quad x_{gj} > 0 \end{aligned}\right\} \tag{5-8}$$

其中　　$b_{ij} = x_{ij} / \sum_{j=1}^{n} x_{ij}(i = 1,2,\cdots,m), \lambda_i = \dfrac{1}{\sqrt{\sum_{j=1}^{n} (b_{ij} - x_{gj})^2}}$

由式（5－8）可知，变权相对熵集结模型是一个有约束的非线性规划问题。该问题可以利用序列二次规划法求解，这在 Matlab 程序之中可利用 constr 优化函数实现。假设 $\boldsymbol{x}_g^* = (x_{g1}^*,x_{g2}^*,\cdots,x_{gn}^*)$ 是非线性规划问题式（5－8）的最优解，那么，$\boldsymbol{x}_g^* = (x_{g1}^*,x_{g2}^*,\cdots,x_{gn}^*)$ 也是群体对所有评价方案评价值的集结结果，据此可以进行评价方案的选择决策。

5.1.4　示例分析

示例一：某创业团队由 3 个成员组成，现有 3 个创投方案，3 个成员对 3 个创投方案的判断信息矩阵为

$$\boldsymbol{X} = \begin{pmatrix} 0.8 & 0.5 & 0.3 \\ 0.7 & 0.4 & 0.2 \\ 0.4 & 0.5 & 0.6 \end{pmatrix}$$

基于式（5－8），利用 Matlab 的优化工具箱中 constr 函数，可以确定群体对所有评价方案评价值的集结结果 $\boldsymbol{x}_g^* = (0.4384, 0.4000, 0.1616)$。此时，$Q(\boldsymbol{x}_g^*) = 0.0406$；创业团队中 3 个成员在此决策过程中的权重为 $\boldsymbol{w} = (0.4602,$

0.371 6,0.168 2)。

依据传统的相对熵集结模型［式（5－7)］，在已知各决策者的权重 $\omega=(\omega_1,\omega_2,\omega_3)=(1/3,1/3,1/3)$ 的情形下，最终的群体集结结果为 $\boldsymbol{x}_g^{*'}=(x_{g1}^{*'},x_{g2}^{*'},x_{g3}^{*'})=(0.43,0.33,0.24)$。此时，$Q(\boldsymbol{x}_g^{*'})=0.0416>Q(\boldsymbol{x}_g^{*})$。这表明：利用式（5－8）实现群体决策集结的效果优于利用式（5－7）实现群体决策集结的效果。

同时，无论是利用式（5－8）实现群体决策的集结，还是利用式（5－7）实现的群体决策的集结，结果都表明：本算例中，创投方案一是优先方案。

示例二：某创业团队由 3 个成员组成，现有 3 个创投方案，3 个成员对 3 个创投方案的判断信息矩阵为

$$\boldsymbol{X}=\begin{pmatrix}0.9 & 0.8 & 0.7\\ 0.5 & 0.4 & 0.3\\ 0.1 & 0.2 & 0.9\end{pmatrix}$$

基于式（5－8)，利用 Matlab 的优化工具箱中 constr 函数，可以确定群体对所有评价方案评价值的集结结果 $\boldsymbol{x}_g^{*}=(0.1000,0.2000,0.7000)$。此时，$Q(\boldsymbol{x}_g^{*})=0.0853$。创业团队中 3 个成员在此决策过程中的权重为 $\boldsymbol{w}=(0.0992,0.0894,0.8114)$。

依据传统的相对熵集结模型［式（5－7)］，在已知各决策者的权重 $\boldsymbol{\omega}=(\omega_1,\omega_2,\omega_3)=(1/3,1/3,1/3)$ 的情形下，最终的群体集结结果为：$\boldsymbol{x}_g^{*'}=(x_{g1}^{*'},x_{g2}^{*'},x_{g3}^{*'})=(0.27,0.30,0.43)$。此时，$Q(\boldsymbol{x}_g^{*'})=0.1285>Q(\boldsymbol{x}_g^{*})$。这表明：利用式（5－8）实现群体决策集结的效果优于利用式（5－7）实现群体决策集结的效果。

同时，无论是利用式（5－8）实现群体决策的集结，还是利用式（5－7）实现的群体决策的集结，结果都表明：本算例中，创投方案三是优先方案。

5.2 创业团队风险决策的学习机制

5.2.1 机会感知和风险感知的生态性分析

认知心理学认为诸如感知、动机和态度等心理因素在决策过程中扮演着重

要的角色（Chung - Hung，等，2000）。其中，风险的主观评价及个体对风险的态度在决策活动中扮演着重要的角色。因此，风险感知和风险偏好是影响创业团队风险决策的两个重要因素。在创业团队风险决策过程中，除了风险感知、风险偏好之外，机会感知也在影响着创业团队的风险决策。同时，创业者面临着风险感知和机会感知的冲突，这构成了创业活动的重要驱动因素（Berglund，2005）。于是，在创业团队风险决策过程中，决策者的机会感知、风险感知和风险偏好等感知因素在创业决策中是非常重要的（Desheng Wu，等，2010）。然而，风险偏好通常是通过风险感知影响决策的（Sitkin，Pabio，1992）。因此，机会感知和风险感知是两个影响创业风险决策的关键变量，并且创业风险决策是在两者的权衡中进行选择（Desheng Wu，2009）。

通常，决策者被包含于一个拥有若干其他个体的环境之中，并因此受到社会性的影响（杨俊辉，等，2009）。创业团队风险决策是一个非常复杂的决策过程，该过程发生在一个模糊的群体环境之中，以致在该过程中，不仅存在冲突性决策标准的权衡问题，还存在不同个体之间观念的权衡问题（Desheng Wu，2009）。于是，在创业团队风险决策过程中，创业者的机会感知、风险感知和创业决策会受到其他创业者的影响，并且其他创业者的机会感知、风险感知和创业决策构成了该创业者的决策环境。

因此，创业团队风险决策是一个群体决策过程，而且该过程中存在群体博弈。所以，可用如下一个群体博弈模型描述创业团队风险决策过程：$\Gamma = (N, \{A_i\}_{i\in \boldsymbol{N}}, \{U_i\}_{i\in \boldsymbol{N}})$。在此，$N = \{1,2,\cdots,n\}$ 表示创业团队中创业者的个体集；$\{A_i\}$ 是创业团队中创业者的策略空间；$A^{(i)} = \left\{a_1^{(i)}, a_2^{(i)}, \cdots, a_{j_i}^{(i)}\right\}$ 是创业团队中创业者 i 的纯策略集，并且有 j_i 个纯策略；$x^{(i)} = \left\{x_1^{(i)}, x_2^{(i)}, \cdots, x_{j_i}^{(i)}\right\}$ 是创业团队中创业者 i 的混合策略集，并且 $x_{\delta_i}^{(i)} \geqslant 0, \sum_{\delta_i=1}^{j_i} x_{\delta_i}^{(i)} = 1$。$\{U_i\}$ 表示创业团队中创业者 i 对某策略的感知集；$U_\delta^{(i)}$ 是创业团队中创业者 i 在决策环境 $\delta = \left\{a_{\delta_1}^{(1)}, a_{\delta_2}^{(2)}, \cdots, a_{\delta_n}^{(n)}\right\}$ 下对某策略的感知，于是，每个创业者共有 $j_1 \times j_2 \times \cdots \times j_n$ 个感知集。在此，约定对某策略的感知包括风险感知 $RPe_\delta^{(i)}$ 和机会感知 $OPe_\delta^{(i)}$，即 $U_\delta^{(i)} = [OPe_\delta^{(i)}, RPe_\delta^{(i)}]$。

于是，当创业者 i 选择混合策略 $x_{\delta_i}^{(i)}$ 时，创业者 i 对该策略的实际感知能够通过一个如式（5－9）所示的期望公式描述。

$$E_{\delta_i}^{(i)} = \sum_{\delta_1=1}^{j_1}\cdots\sum_{\delta_{i-1}=1}^{j_{i-1}}\sum_{\delta_{i+1}=1}^{j_{i+1}}\cdots\sum_{\delta_n=1}^{j_n} U_\delta^{(i)} \times x_{\delta_1}^{(1)} \times \cdots \times x_{\delta_{i-1}}^{(i-1)} \times x_{\delta_{i+1}}^{(i+1)} \times \cdots \times x_{\delta_n}^{(n)} \tag{5-9}$$

$E_{\delta_i}^{(i)}$ 是创业团队中创业者 i 对某策略在不同决策环境下的感知期望。其中，$U_\delta^{(i)} = [OPe_\delta^{(i)}, RPe_\delta^{(i)}]$。于是，创业团队中创业者 i 对混合策略 $x_{\delta_i}^{(i)}$ 的机会感知和风险感知可以分别表示为

$$E_{OPe\delta_i}^{(i)} = \sum_{\delta_1=1}^{j_1}\cdots\sum_{\delta_{i-1}=1}^{j_{i-1}}\sum_{\delta_{i+1}=1}^{j_{i+1}}\cdots\sum_{\delta_n=1}^{j_n} OPe_\delta^{(i)} \times x_{\delta_1}^{(1)} \times \cdots \times x_{\delta_{i-1}}^{(i-1)} \times x_{\delta_{i+1}}^{(i+1)} \times \cdots \times x_{\delta_n}^{(n)} \tag{5-10}$$

$$E_{RPe\delta_i}^{(i)} = \sum_{\delta_1=1}^{j_1}\cdots\sum_{\delta_{i-1}=1}^{j_{i-1}}\sum_{\delta_{i+1}=1}^{j_{i+1}}\cdots\sum_{\delta_n=1}^{j_n} RPe_\delta^{(i)} \times x_{\delta_1}^{(1)} \times \cdots \times x_{\delta_{i-1}}^{(i-1)} \times x_{\delta_{i+1}}^{(i+1)} \times \cdots \times x_{\delta_n}^{(n)} \tag{5-11}$$

5.2.2 感知差异和感知偏差的形成机理

一个创业者在相同的决策环境下对不同的策略有不同的感知；在不同的决策环境下对相同的策略有不同的感知。但是，不同的感知都受到创业者基本意识及风险偏好的影响，以致不同的感知中包含着一些相同的成分。在此，将该成分称为创业者的一般感知，其中也包含一般机会感知和一般风险感知。当创业者的一般感知与策略的实际感知存在差异时，将这种差异称为感知偏差。

显然，对于任意创业者而言，对所有策略的感知中都包含一定的一般感知。于是，其一般感知可用如式（5－12）所示的实际感知的期望值来表示。

$$E^{(i)} = \sum_{\delta_i=1}^{j_i}[E_{\delta_i}^{(i)} \times x_{\delta_i}^{(i)}] = \sum_{\delta_1=1}^{j_1}\cdots\sum_{\delta_{i-1}=1}^{j_{i-1}}\sum_{\delta_i=1}^{j_i}\sum_{\delta_{i+1}=1}^{j_{i+1}}\cdots \sum_{\delta_n=1}^{j_n} U_\delta^{(i)} \times x_{\delta_1}^{(1)} \times \cdots \times x_{\delta_{i-1}}^{(i-1)} \times x_{\delta_i}^{(i)} \times x_{\delta_{i+1}}^{(i+1)} \times \cdots \times x_{\delta_n}^{(n)} \tag{5-12}$$

式（5－12）中，$U_\delta^{(i)} = [OPe_\delta^{(i)}, RPe_\delta^{(i)}]$。所以，创业团队中创业者 i 的一

般机会感知和一般风险感知可分别表示为

$$E_{OPe}^{(i)} = \sum_{\delta_1=1}^{j_1}\cdots\sum_{\delta_{i-1}=1}^{j_{i-1}}\sum_{\delta_i=1}^{j_i}\sum_{\delta_{i+1}=1}^{j_{i+1}}\cdots\sum_{\delta_n=1}^{j_n} OPe_{\delta}^{(i)} \times x_{\delta_1^{(1)}} \times\cdots\times x_{\delta_{i-1}^{(i-1)}} \times x_{\delta_i^{(i)}} \times x_{\delta_{i+1}^{(i+1)}} \times\cdots\times x_{\delta_n^{(n)}} \quad (5-13)$$

$$E_{RPe}^{(i)} = \sum_{\delta_1=1}^{j_1}\cdots\sum_{\delta_{i-1}=1}^{j_{i-1}}\sum_{\delta_i=1}^{j_i}\sum_{\delta_{i+1}=1}^{j_{i+1}}\cdots\sum_{\delta_n=1}^{j_n} RPe_{\delta}^{(i)} \times x_{\delta_1^{(1)}} \times\cdots\times x_{\delta_{i-1}^{(i-1)}} \times x_{\delta_i^{(i)}} \times x_{\delta_{i+1}^{(i+1)}} \times\cdots\times x_{\delta_n^{(n)}} \quad (5-14)$$

那么，对于创业者 i 而言，在混合策略 $x_{\delta_i}^{(i)}$ 上的感知偏差可表示为

$$\Delta_{\delta_i}^{(i)} = E_{\delta_i}^{(i)} - E^{(i)}$$

于是，在混合策略 $x_{\delta_i}^{(i)}$ 上的机会感知偏差和风险感知偏差可分别定义为

$$\Delta_{OPe\delta_i}^{(i)} = E_{OPe\delta_i}^{(i)} - E_{OPe}^{(i)} \quad (5-15)$$

$$\Delta_{RPe\delta_i}^{(i)} = E_{RPe\delta_i}^{(i)} - E_{RPe}^{(i)} \quad (5-16)$$

5.2.3　感知进化和创业团队风险决策学习

在风险型与不确定性决策过程中，在创业团队中的创业者之间相互沟通，以实现内部信息反馈。来自于结果的反馈影响将来的决策，也改变着对未来结果的反应（Sailer，等，2007），在此将这种现象称为风险决策学习。在实施所有策略的认知努力和决策精度之间的权衡是导致决策者适应改变的认知原因（Tsai，2000）。因此，决策者在决策精度和努力程度上的感知决定策略的选择（Chu，Spires，2003），并且它们是影响适应性决策行为的两个重要因素。混合策略 $x_{\delta_i}^{(i)}$ 是创业者 i 选择某一策略的概率，这反映了其决策精准度，感知偏差决定其认知努力。于是，决策学习率与某混合策略 $x_{\delta_i}^{(i)}$ 的选择概率和它的感知偏差相关。于是，在创业团队风险决策过程中，创业者的风险决策学习率可用如式（5－17）所示的一个复制方程描述（Thomas，2001）。

$$\frac{\partial x_{\delta_i}^{(i)}}{\partial t} = x_{\delta_i}^{(i)}\left[E_{\delta_i}^{(i)} - E^{(i)}\right] \quad (5-17)$$

感知偏差是影响创业者决策学习的重要因素。一个创业者的决策学习包括创业策略调整、评价的改变及结盟策略的改变等，这些内容的实现都依赖于其

感知进化。所以，创业者的感知进化在决策学习中至关重要。作为感知偏差的两个重要方面，机会感知偏差和风险感知偏差影响着创业者的风险决策学习，但是它们对其的影响是不尽相同的。在一个多属性决策环境下，决策者需要展现出对各属性的偏好、构建偏好关系矩阵，然后将相关偏好应用于决策方案的排序之中（Desheng Wu，2009）。为此，在此假设机会感知偏差和风险感知偏差对创业者决策学习的影响权重分别为 $k_o^{(i)}$ 和 $k_r^{(i)}$。于是，式（5－17）可演变为式（5－18）。

$$\left.\begin{aligned}&\frac{\partial x_{\delta_i}^{(i)}}{\partial t} = x_{\delta_i}^{(i)} \cdot \Delta_{\delta_i}^{(i)} = x_{\delta_i}^{(i)} \cdot [E_{\delta_i}^{(i)} - E^{(i)}] = x_{\delta_i}^{(i)} \cdot [k_o^{(i)} \Delta_{OPe\delta_i}^{(i)} + k_r^{(i)} \Delta_{RPe\delta_i}^{(i)}]\\&\Delta_{OPe\delta_i}^{(i)} = E_{OPe\delta_i}^{(i)} - E_{OPe}^{(i)}\\&\Delta_{RPe\delta_i}^{(i)} = E_{RPe\delta_i}^{(i)} - E_{RPe}^{(i)}\end{aligned}\right\} \quad (5-18)$$

显然，式（5－18）描述了创业者 i 在创业团队风险决策过程中的感知进化过程，在此，将其定义为创业者 i 的个体决策学习单元。

5.3 创业团队风险决策的系统动力学模型

5.3.1 创业团队风险决策的系统动力学分析

在创业团队风险决策过程中，对于单一创业者而言，其感知进化将促进其个体决策的调整。后者将影响着整个创业团队的决策。于是，创业团队的决策可视为个体决策的函数，即

$$P = f[x_{\delta_1}^{(1)}, x_{\delta_2}^{(2)}, \cdots, x_{\delta_i}^{(i)}, \cdots] \quad (i = 1, 2, \cdots, n) \qquad (5-19)$$

式（5－19）表示一个创业团队的群体决策，为此，其可定义为创业团队的群体决策单元。

在一个动态的决策环境之中，群体决策的学习依赖于个体决策的学习，个体的决策学习是群体决策学习的基础；同时，群体决策学习也对个体的决策学习有驱动作用。所以，一个创业团队的风险决策及其学习应包含若干个个体决策学习单元和至少一个群体决策单元。于是，创业团队风险决策过程能够被视

为一个动态的进化系统，并可借用系统动力模型来描述（如式 5 - 20）（Xie Kefan，Chen Gang，2010）。

$$
\left.\begin{aligned}
& P = f\left[x_{\delta_1}^{(1)}, x_{\delta_2}^{(2)}, \cdots, x_{\delta_i}^{(i)}, \cdots\right] \quad (i = 1,2,\cdots,n) \\
& \frac{\left[\dfrac{\partial x_{\delta_1}^{(1)}}{\partial t}\right]}{\left[x_{\delta_1}^{(1)}\right]} = \Delta_{\delta_1}^{(1)} = E_{\delta_1}^{(1)} - E^{(1)} = k_o^{(1)}\Delta_{OPe\delta_1}^{(1)} + k_r^{(1)}\Delta_{RPe\delta_1}^{(1)} \\
& \Delta_{OPe\delta_1}^{(1)} = E_{OPe\delta_1}^{(1)} - E_{OPe}^{(1)} \\
& \Delta_{RPe\delta_1}^{(1)} = E_{RPe\delta_1}^{(1)} - E_{RPe}^{(1)} \\
& \quad \vdots \\
& \frac{\left[\dfrac{\partial x_{\delta_n}^{(n)}}{\partial t}\right]}{\left[x_{\delta_n}^{(n)}\right]} = \Delta_{\delta_n}^{(n)} = E_{\delta_n}^{(n)} - E^{(n)} = k_o^{(n)}\Delta_{OPe\delta_n}^{(n)} + k_r^{(n)}\Delta_{RPe\delta_n}^{(n)} \\
& \Delta_{OPe\delta_n}^{(n)} = E_{OPe\delta_n}^{(n)} - E_{OPe}^{(n)} \\
& \Delta_{RPe\delta_n}^{(n)} = E_{RPe\delta_n}^{(n)} - E_{RPe}^{(n)}
\end{aligned}\right\} \quad (5-20)
$$

5.3.2　三人创业团队感知进化的相关假设

为了简化研究，在此仅探讨三人创业团队的风险决策学习。假设一个三人创业团队中有 A、B 和 C 三个创业者，在创业团队风险决策过程中有两个创业方案 S_1 和 S_2。在不同决策环境下，三个创业者对两个创业方案的机会感知和风险感知分别如表 5 - 1 和表 5 - 2 所示。其中，当创业者 A、B 和 C 都选择创业方案 S_1 时，他们的机会感知分别为 a_o、a_o' 和 a_o''，他们的风险感知分别为 a_r、a_r' 和 a_r''；当创业者 A 和 C 选择创业方案 S_1、创业者 B 选择创业方案 S_2 时，创业者 A、B 和 C 的机会感知分别为 b_o、b_o' 和 b_o''，风险感知分别为 b_r、b_r' 和 b_r''；当创业者 B 和 C 选择创业方案 S_1、创业者 A 选择创业方案 S_2 时，创业者 A、B 和 C 的机会感知分别为 c_o、c_o' 和 c_o''，风险感知分别为 c_r、c_r' 和 c_r''；当创业者 C 选择创业方案 S_1、创业者 A 和 B 选择创业方案 S_2 时，创业者 A、B 和 C 的机会感知分别为 d_o、d_o' 和 d_o''，风险感知分别为

d_r、d'_r和 d''_r。

表 5-1　当创业者 C 选择创业方案 S_1 时各创业者的机会感知、风险感知

当创业者 C 选择创业方案 S_1 时 z			创业者 B	
			S_1 y	S_2 $1-y$
创业者 A	S_1 x	感知机会	$\boldsymbol{a_o, a'_o, a''_o}$	$\boldsymbol{b_o, b'_o, b''_o}$
		风险感知	$\boldsymbol{a_r, a'_r, a''_r}$	$\boldsymbol{b_r, b'_r, b''_r}$
	S_2 $1-x$	感知机会	$\boldsymbol{c_o, c'_o, c''_o}$	$\boldsymbol{d_o, d'_o, d''_o}$
		风险感知	$\boldsymbol{c_r, c'_r, c''_r}$	$\boldsymbol{d_r, d'_r, d''_r}$

表 5-2　当创业者 C 选择创业方案 S_2 时各创业者的机会感知、风险感知

当创业者 C 选择创业方案 S_2 时 $1-z$			创业者 B	
			S_1 y	S_2 $1-y$
创业者 A	S_1 x	感知机会	$\boldsymbol{h_o, h'_o, h''_o}$	$\boldsymbol{i_o, i'_o, i''_o}$
		风险感知	$\boldsymbol{h_r, h'_r, h''_r}$	$\boldsymbol{i_r, i'_r, i''_r}$
	S_2 $1-x$	感知机会	$\boldsymbol{j_o, j'_o, j''_o}$	$\boldsymbol{k_o, k'_o, k''_o}$
		风险感知	$\boldsymbol{j_r, j'_r, j''_r}$	$\boldsymbol{k_r, k'_r, k''_r}$

当创业者 A、B 选择创业方案 S_1、创业者 C 选择创业方案 S_2 时，创业者 A、B 和 C 的机会感知分别为 h_o、h'_o和 h''_o，风险感知分别为 h_r、h'_r和 h''_r；当创业者 B 和 C 选择创业方案 S_2、创业者 A 选择创业方案 S_1 时，创业者 A、B 和 C 的机会感知分别为 i_o、i'_o和 i''_o，风险感知分别为 i_r、i'_r和 i''_r；当创业者 A 和 C 选择创业方案 S_2、创业者 B 选择创业方案 S_1 时，创业者 A、B 和 C 的机会感知分别为 j_o、j'_o和 j''_o，风险感知分别为 j_r、j'_r和 j''_r；当创业者 A、B 和 C 都选择创业方案 S_2 时，创业者 A、B 和 C 的机会感知分别为 k_o、k'_o和 k''_o，风险感知分别为 k_r、k'_r和 k''_r。

假设创业者 A、B 和 C 选择创业方案 S_1 的概率分别为 x、y 和 z，于是，三个创业者选择创业方案 S_2 的概率分别为 $1-x$、$1-y$ 和 $1-z$。

5.3.3　创业者的机会感知和风险感知进化

那么，根据式（5-9），创业者 A 对创业方案 S_1 的感知能够表示为式（5-21）所示。

$$E_1^{(A)} = \sum_{\delta_B=1}^{2}\sum_{\delta_C=1}^{2} U_\delta^{(A)} \times x_{\delta_B}^{(B)} x_{\delta_C}^{(C)} \quad (\delta = 1,2,3,4)$$
$$= U_1^{(A)} \times x_1^{(B)} \times x_1^{(C)} + U_2^{(A)} \times x_2^{(B)} \times x_1^{(C)} + U_3^{(A)} \times x_2^{(B)} \times x_2^{(C)} + U_4^{(A)} \times x_1^{(B)} \times x_2^{(C)} \quad (5-21)$$

于是，创业者A对创业方案 S_1 的机会感知和风险感知可分别表示为式（5-22）和式（5-23）。

$$E_{OPe\delta_{A1}}^{(A)} = yza_o + (1-y)zb_o + (1-y)(1-z)h_o + y(1-z)i_o \quad (5-22)$$

$$E_{RPe\delta_{A1}}^{(A)} = yza_r + (1-y)zb_r + (1-y)(1-z)h_r + y(1-z)i_r \quad (5-23)$$

同理，创业者A对创业方案 S_2 的机会感知和风险感知可分别表示为式（5-24）和式（5-25）。

$$E_{OPe\delta_{A2}}^{(A)} = yzc_o + (1-y)zd_o + (1-y)(1-z)j_o + y(1-z)k_o \quad (5-24)$$

$$E_{RPe\delta_{A2}}^{(A)} = yzc_r + (1-y)zd_r + (1-y)(1-z)j_r + y(1-z)k_r \quad (5-25)$$

根据式（5-13）和式（5-14），创业者A的一般机会感知和风险感知可分别表示为式（5-26）和式（5-27）。

$$E_{OPe}^{(A)} = xE_{OPe\delta_{A1}}^{(A)} + (1-x)E_{OPe\delta_{A2}}^{(A)} \quad (5-26)$$

$$E_{OPe}^{(A)} = xE_{OPe\delta_{A1}}^{(A)} + (1-x)E_{OPe\delta_{A2}}^{(A)} \quad (5-27)$$

于是，根据式（5-15）和式（5-16），创业者A在创业方案 S_1 上的机会感知偏差和风险感知偏差分别表示为式（5-28）和式（5-29）。

$$\Delta_{OPe\delta_{A1}}^{(A)} = E_{OPe\delta_{A1}}^{(A)} - E_{OPe}^{(A)} = (1-x)[(a_o - c_o)yz + (b_o - d_o)(1-y)z + (h_o - j_o)(1-y)(1-z) + (i_o - k_o)y(1-z)] \quad (5-28)$$

$$\Delta_{RPe\delta_{A1}}^{(A)} = E_{RPe\delta_{A1}}^{(A)} - E_{RPe}^{(A)} = (1-x)[(a_r - c_r)yz + (b_r - d_r)(1-y)z + (h_r - j_r)(1-y)(1-z) + (i_r - k_r)y(1-z)] \quad (5-29)$$

假设创业者A、B和C对机会感知和风险感知的偏好系数分别为 $k_{\nu o}$，$k_{\nu r}(\nu = a,b,c)$。由于对一个创业机会的机会感知能促进其创业选择，反之其风险感知会抑制其创业选择，所以，机会感知偏差、风险感知偏差对创业决策学习的影响是相反的。于是，可以进一步假设 $k_{\nu o} > 0, k_{\nu r} < 0, k_{\nu o} - k_{\nu r} = 1$。那么，根据式（5-18），创业者A的个体决策学习单元可表示为式（5-30）。

$$\left.\begin{aligned}
&\frac{dx}{\partial t}=x[E_1^{(A)}-E^{(A)}]=x[k_{ao}\Delta_{OPe\delta_{A1}}^{(A)}+k_{ar}\Delta_{RPe\delta_{A1}}^{(A)}]\\
&\Delta_{OPe\delta_{A1}}^{(A)}=(1-x)[(a_o-c_o)yz+(b_o-d_o)(1-y)z+\\
&\qquad (h_o-j_o)(1-y)(1-z)+(i_o-k_o)y(1-z)]\\
&\Delta_{RPe\delta_{A1}}^{(A)}=(1-x)[(a_r-c_r)yz+(b_r-d_r)(1-y)z+\\
&\qquad (h_r-j_r)(1-y)(1-z)+(i_r-k_r)y(1-z)]
\end{aligned}\right\}\quad(5-30)$$

同理，创业者 B 和 C 的个体决策学习单元可以分别表示为式（5-31）和式（5-32）。

$$\left.\begin{aligned}
&\frac{dy}{\partial t}=y[E_1^{(B)}-E^{(B)}]=y[k_{bo}\Delta_{OPe\delta_{B1}}^{(B)}+k_{br}\Delta_{RPe\delta_{B1}}^{(B)}]\\
&\Delta_{OPe\delta_{B1}}^{(B)}=(1-y)[(a_o'-b_o')xz+(c_o'-d_o')(1-x)z+\\
&\qquad (h_o'-i_o')x(1-z)+(j_o'-k_o')(1-x)(1-z)]\\
&\Delta_{RPe\delta_{B1}}^{(B)}=(1-y)[(a_r'-b_r')xz+(c_r'-d_r')(1-x)z+\\
&\qquad (h_r'-i_r')x(1-z)+(j_r'-k_r')(1-x)(1-z)]
\end{aligned}\right\}\quad(5-31)$$

$$\left.\begin{aligned}
&\frac{dz}{\partial t}=z[E_1^{(C)}-E^{(C)}]=z[k_{co}\Delta_{OPe\delta_{C1}}^{(C)}+k_{cr}\Delta_{RPe\delta_{C1}}^{(C)}]\\
&\Delta_{OPe\delta_{C1}}^{(C)}=(1-z)[(a_o''-h_o'')xy+(b_o''-i_o'')x(1-y)+\\
&\qquad (c_o''-j_o'')(1-x)y+(d_o''-k_o'')(1-x)(1-y)]\\
&\Delta_{RPe\delta_{C1}}^{(C)}=(1-z)[(a_r''-h_r'')xy+(b_r''-i_r'')x(1-y)+\\
&\qquad (c_r''-j_r'')(1-x)y+(d_r''-k_r'')(1-x)(1-y)]
\end{aligned}\right\}\quad(5-32)$$

5.3.4 三人创业团队风险决策的系统进化

对于一个群体而言，决策机制在其决策过程中至关重要，其不仅影响决策结果，而且还影响决策质量。所以，对于一个创业团队而言，其在团队组建过程中应优先确定决策规则，这是非常必要的。分权决策（各自在部分职能上有绝对权力）、民主决策（少数服从多数的表决机制）等都是创业团队风险决策过程中常常被采用的决策规则。为了简化研究，在此仅假设在创业团队风险决策过程中，采用“少数服从多数”的民主决策模式。那么，根据式(5-19)，整个创业团队的群体决策结果（选择创业方

案 S_1 的概率）能够表示为

$$P_1 = xyz + x(1-y)z + (1-x)yz + xy(1-z) \tag{5-33}$$

根据式（5－33）所示的群体决策单元，式（5－30）～式（5－32）所示的创业者 A、B 和 C 的个体决策学习单元，可以构建一个系统动力学模型［见式（5－34）］。该模型反映了三人创业团队风险决策的自学习进化过程，为此，基于式（5－34）可以预测创业团队的风险决策结果，也可用于分析创业团队风险决策的特性。

$$\left.\begin{aligned}
&P_1 = xyz + x(1-y)z + (1-x)yz + xy(1-z)\\
&\frac{dx}{\partial t} = x[E_1^{(A)} - E^{(A)}] = x(k_{ao}OPB_a + k_{ar}RPB_r)\\
&OPB_a = (1-x)[(a_o - c_o)yz + (b_o - d_o)(1-y)z +\\
&\qquad (h_o - j_o)(1-y)(1-z) + (i_o - k_o)y(1-z)]\\
&RPB_a = (1-x)[(a_r - c_r)yz + (b_r - d_r)(1-y)z +\\
&\qquad (h_r - j_r)(1-y)(1-z) + (i_r - k_r)y(1-z)]\\
&\frac{dy}{\partial t} = y[E_1^{(B)} - E^{(B)}] = y(k_{bo}OPB_b + k_{br}RPB_b)\\
&OPB_b = (1-y)[(a_o' - b_o')xz + (c_o' - d_o')(1-x)z +\\
&\qquad (h_o' - i_o')x(1-z) + (j_o' - k_o')(1-x)(1-z)]\\
&RPB_b = (1-y)[(a_r' - b_r')xz + (c_r' - d_r')(1-x)z +\\
&\qquad (h_r' - i_r')x(1-z) + (j_r' - k_r')(1-x)(1-z)]\\
&\frac{dz}{\partial t} = z[E_1^{(C)} - E^{(C)}] = z(k_{co}OPB_c + k_{cr}RPB_c)\\
&OPB_c = (1-z)[(a_o'' - h_o'')xy + (b_o'' - i_o'')x(1-y) +\\
&\qquad (c_o'' - j_o'')(1-x)y + (d_o'' - k_o'')(1-x)(1-y)]\\
&RPB_c = (1-z)[(a_r'' - h_r'')xy + (b_r'' - i_r'')x(1-y) +\\
&\qquad (c_r'' - j_r'')(1-x)y + (d_r'' - k_r'')(1-x)(1-y)]
\end{aligned}\right\} \tag{5-34}$$

为了研究三人创业团队的风险决策及其决策学习机理，可以借助系统动力学软件 Vensim 对式（5－34）所示的系统动力学模型进行预测分析、动态分析和模拟分析。那么，式（5－34）对应的系统动力学流图如图 5－1 所示。

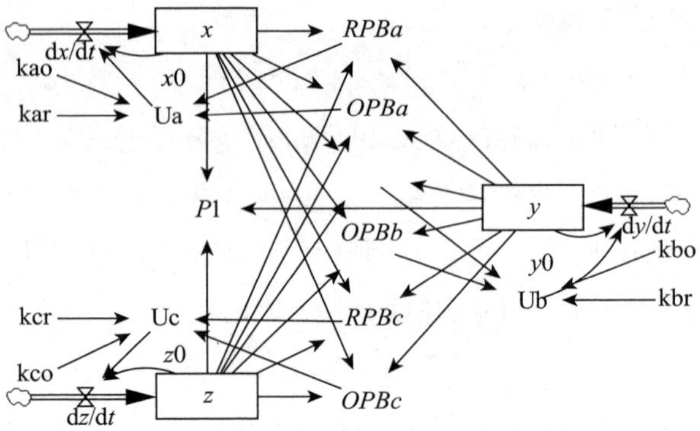

图 5－1　三人创业团队风险决策学习的系统动力学模型

在图 5－1 中，“x”“y”和“z”分别为三个创业者 A、B 和 C 选择创业方案 S_1 的概率；“$x0$”“$y0$”和“$z0$”分别为 A、B 和 C 选择创业方案 S_1 的初始概率；“dx/dt”“dy/dt”和“dz/dt”分别为 A、B 和 C 的决策学习演化率，即概率“x”“y”和“z”的变化率；“RPBa”“RPBb”和“RPBc”分别为 A、B 和 C 在创业方案 S_1 上的风险感知偏差；“OPBa”“OPBb”和“OPBc”分别为 A、B 和 C 在创业方案 S_1 上的机会感知偏差；“Ua”“Ub”和“Uc”分别为 A、B 和 C 在选择创业方案 S_1 时的感知效用；“kao”“kbo”和“kco”分别为 A、B 和 C 的机会感知偏好权重；“kar”“kbr”和“kcr”分别为 A、B 和 C 的风险感知偏好权重；“$P1$”为创业团队的整体决策（选择创业方案 S_1 的概率）。

5.4　创业团队风险决策的感知进化示例

5.4.1　示例简介

某创业团队有三个股东，分别记作 A、B 和 C。近来该团队有二次创业的想法。他们的经理向三位股东提出了两个二次创业方案，它们分别是：S_1 ——在北京开设一家分公司；S_2 ——扩展武汉的现有运营范围。在相关创业决策过程中，德尔菲法和民主决策机制被采用，相应的决策过程概括如下。

首先，他们的经理将两个创业计划书送给三位股东，并了解其对两个方案的初始偏好。在此，获知三位股东 A、B 和 C 选择创业方案 S_1 的初始概率分别

为0.65、0.6和0.5，即 $x|_{t=0}=0.65$，$y|_{t=0}=0.6$，$z|_{t=0}=0.5$。

然后，为了提高三位股东的决策一致性以及创业团队的决策质量，三位股东聚集在一起进行了充分沟通。从他们的沟通过程中获知，三位股东在各种决策情形下的机会感知和风险感知如表5-3。

表5-3　各种决策情景下创业者的机会感知、风险感知

当创业者C选择创业方案 S_1 时 z			创业者B	
			S_1 y	S_2 $1-y$
创业者A	S_1 x	感知机会	**4，4，3**	**1，2，1**
		风险感知	**1，2，1**	**2，2，2**
	S_2 $1-x$	感知机会	**1，3，2**	**1，2，2**
		风险感知	**2，3，3**	**3，3，4**

其中，当三个股东都选择创业方案 S_1 时，三个股东A、B和C的机会感知分别为4、4、3，风险感知分别为1、2、1；当股东A和C选择创业方案 S_1、股东B选择创业方案 S_2 时，三位股东A、B和C的机会感知分别为1、2和1，风险感知分别为2、2和2；当股东B和C选择创业方案 S_1、股东A选择创业方案 S_2 时，三位股东A、B和C的机会感知分别为1、3和2，风险感知分别为2、3和3；当股东C选择创业方案 S_1、股东A和B选择创业方案 S_2 时，三位股东A、B和C的机会感知分别为1、2和2，风险感知分别为3、3和4。当股东A、B选择创业方案 S_1、股东C选择创业方案 S_2 时，三位股东A、B和C的机会感知分别为5、3和4，风险感知分别为1、2和2；当股东B和C选择创业方案 S_2、股东A选择创业方案 S_1 时，三位股东A、B和C的机会感知分别为2、2和2，风险感知分别为1、3和1；当股东A和C选择创业方案 S_2、股东B选择创业方案 S_1 时，三位股东A、B和C的机会感知分别为2、3和3，风险感知分别为1、5和1；当三位股东A、B和C都选择创业方案 S_2 时，三位股东A、B和C的机会感知分别为3、3和4，风险感知分别为1、5和2。

最后，经理调查了三位股东的风险偏好，并获取了三位股东对机会感知和风险感知的权重。据此，可以确定三位股东A、B和C的机会感知偏差和风险感知偏差权重系数分别为0.6和-0.4、0.5和-0.5、0.4和-0.6。

基于上述信息，依据如图 5 – 1 所示的系统动力学模型可以预测该创业团队的群体决策，并模拟分析其决策学习规律。

5.4.2 创业者决策学习情形下的群体决策

在图 5 – 1 中，“$P1$” 代表一个群体决策单元，于是创业团队的群体决策可以通过 “$P1$” 的模拟值进行预测，相应的预测结果如图 5 – 2 所示。

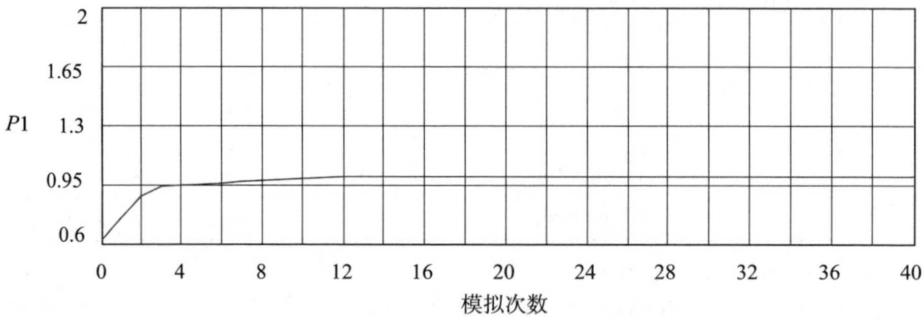

图 5 – 2 创业团队的群体创业决策

注：图 5 – 2 为 Vensim 软件的模拟结果。

从图 5 – 2 可知，经过大约 $t = 15$ 周期的模拟之后，“$P1$” 的数值即稳定于 1。这表明：经过多次讨论之后，该创业团队的决策趋于稳定，并且选择创业方案 S_1，而且群体的这种决策是唯一的、稳定的。

首先，创业方案 S_1 是该创业团队的唯一选择，这是因为该创业团队内的三个股东最终都一致性地选择创业方案 S_1。他们的上述决策过程可以在对图 5 – 1的模拟中获知，相应的模拟结果如图 5 – 3 所示。从图 5 – 3 可知，在创业团队风险决策过程中，股东 A 和 B 一致倾向于选择创业方案 S_1，并且这种倾向性随着创业决策讨论的深入变得更加明显；股东 C 在其创业方案选择上经历了一段犹豫，其起初不愿意选择创业方案 S_1，以致其选择创业方案 S_1 的概率变小。一段时间之后，该股东又倾向于选择创业方案 S_1，以致其选择创业方案 S_1 的概率在 $t = 3$ 之后持续变大。于是，在民主决策机制下，创业方案 S_1 是该创业团队的一致性群体决策。所以，创业方案 S_1 是该创业团队唯一的群体决策结果。

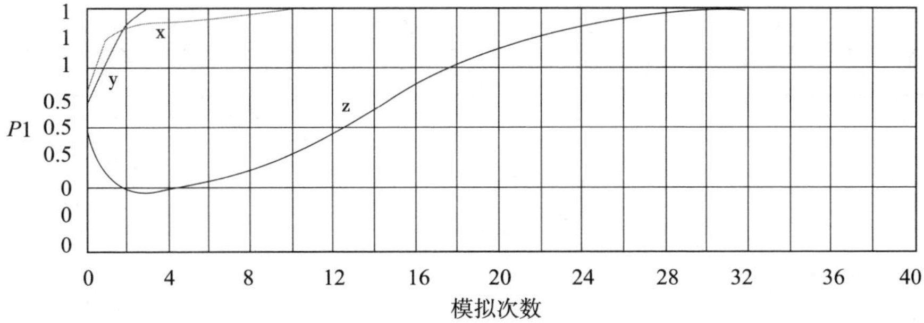

图 5－3　创业团队中股东的创业风险决策

注：图 5－3 为 Vensim 软件的模拟结果。

另外，创业方案 S_1 是该创业团队的一个稳定决策，这是因为：随着感知的进化，该创业团队内三个股东的机会感知偏差和风险感知偏差皆消失，从而失去创业风险决策再学习的动力。这个过程可以通过如图 5－1 所示的系统动力学模型的模拟中看出，其结果分别如表 5－4、表 5－5 和表 5－6 所示。表 5－4、表 5－5 所示的结果表明，在该创业团队风险决策过程中，股东 A 和 B 的机会感知偏差和风险感知持续减少，并倾向于 0，以致股东 A 和 B 最终稳定地选择创业方案 S_1；表 5－6 所示的结果表明股东 C 的风险感知偏差和机会感知偏差首先增加，随后减少并趋于 0，以致股东 C 经过一段犹豫之后稳定地选择创业方案 S_1。随着感知的进化，当股东的机会感知偏差和风险感知偏差消失时，其决策学习将停止，以致决策趋于稳定。

表 5－4　*x*，*RPBa* 和 *OPBa*

时间	*x*	*RPBa*	*OPBa*
0	0. 650 0	－0. 175 0	0. 420 0
1	0. 859 3	－0. 042 3	0. 087 9
2	0. 919 2	－0. 019 3	0. 009 5
3	0. 931 5	－0. 016 0	－0. 002 9
4	0. 935 8	－0. 015 8	－0. 001 1
5	0. 941 1	－0. 015 4	0. 002 6
6	0. 948 4	－0. 014 4	0. 006 0
7	0. 957 3	－0. 012 8	0. 008 7
8	0. 967 2	－0. 010 7	0. 010 1

续表

时间	x	$RPBa$	$OPBa$
9	0.977 1	-0.008 2	0.009 8
10	0.986 1	-0.005 5	0.008 0
11	0.993 0	-0.003 1	0.005 2
12	0.997 3	-0.001 3	0.002 5
13	0.999 3	-0.000 4	0.000 8
14	0.999 9	0.000 0	0.000 1
15	1.000 0	0.000 0	0.000 0
16	1.000 0	0.000 0	0.000 0

注：表5-4为Vensim软件的模拟结果。

表5-5　y，$RPBb$ 和 $OPBb$

时间	y	$RPBb$	$OPBb$
0	0.600 0	-0.130 0	0.460 0
1	0.777 0	-0.134 0	0.258 6
2	0.929 6	-0.049 3	0.081 5
3	0.990 4	-0.006 9	0.011 2
4	0.999 3	-0.000 5	0.000 8
5	1.000 0	0.000 0	0.000 0
6	1.000 0	0.000 0	0.000 0
7	1.000 0	0.000 0	0.000 0
8	1.000 0	0.000 0	0.000 0

注：表5-5为Vensim软件的模拟结果。

表5-6　z，$RPBc$ 和 $OPBc$

时间	z	$RPBc$	$OPBc$
0	0.500 0	0.285 0	-0.570 0
1	0.300 5	-0.136 2	-0.721 4
2	0.238 3	-0.478 3	-0.766 0
3	0.233 7	-0.595 1	-0.766 8
4	0.245 5	-0.608 3	-0.754 6
5	0.261 0	-0.608 5	-0.739 0
6	0.279 1	-0.609 2	-0.720 9
7	0.300 6	-0.609 7	-0.699 4

续表

时间	z	RPBc	OPBc
8	0.326 5	-0.607 1	-0.673 5
9	0.357 5	-0.598 4	-0.642 5
10	0.394 0	-0.580 7	-0.606 0
⋮	⋮	⋮	⋮
78	1.000 0	0.000 0	0.000 0
79	1.000 0	0.000 0	0.000 0

注：表 5-6 为 Vensim 软件的模拟结果。

5.4.3　创业者感知交互进化的分析

在创业团队风险决策过程中，团队内部的沟通、交流会改变创业团队内个体的机会感知偏差和风险感知偏差，以致推进团队内个体之间感知的交互进化。这一现象可以通过如下试验进行验证：假设创业团队中股东 A 的风险感知偏差受到一股外部信号干扰（见图 5-4）；如果该外部干扰发生变化时，可以观察其他个体的机会感知偏差、风险感知偏差是否变化。如果变化，则表明创业团队内个体的感知进化是交互进行的；否则，就否定了这一现象。

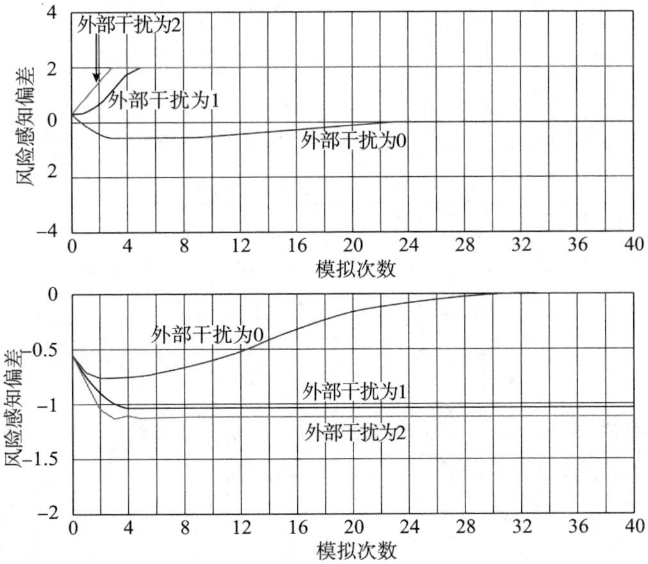

图 5-4　受外部干扰的创业团队风险决策的系统动力学模型

如果外部干扰 ε 分别设为0、1和2，该创业团队内三个股东A、B和C的机会感知偏差和风险感知偏差的模拟结果分别如图5－5、图5－6和图5－7所示。

从图5－5可知，当创业者A的风险感知偏差增加时，其机会感知将先增大后减少，并且更快地趋于稳定；从图5－6和图5－7可知，当创业者A的风险感知偏差增加时，创业者B和C的风险感知偏差首先增加，然后更快速地趋于0并稳定于0；创业者B的机会感知偏差减小，创业者C的机会感知偏差更快速地趋于0并稳定于0。所以，在创业团队风险决策过程中，个体感知影响其他个体的感知进化，并且两者之间存在交互影响关系。另外，个体的感知偏差能推进自身和其他个体的感知进化。

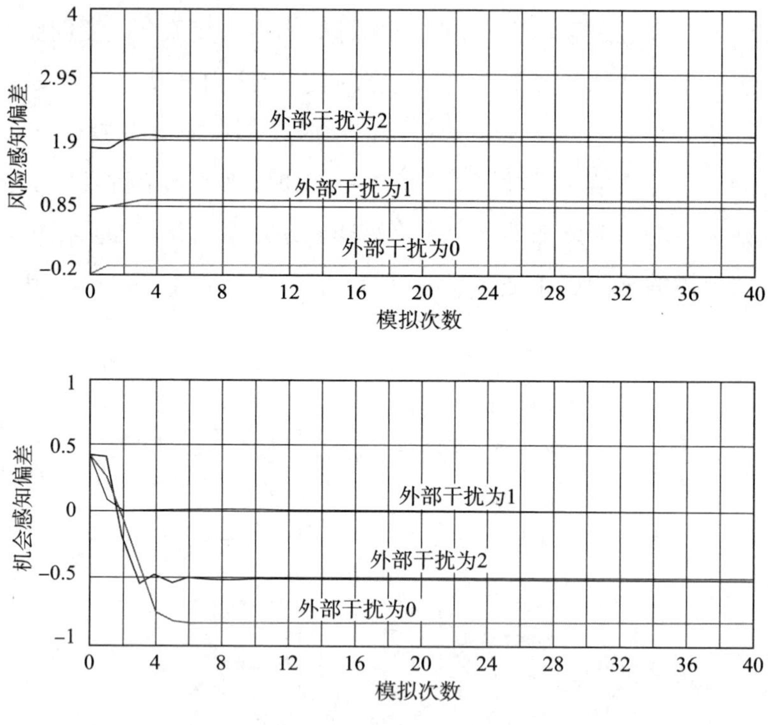

图5－5 创业者A的风险感知偏差和机会感知偏差演化趋势

注：图5－5为Vensim软件的模拟结果。

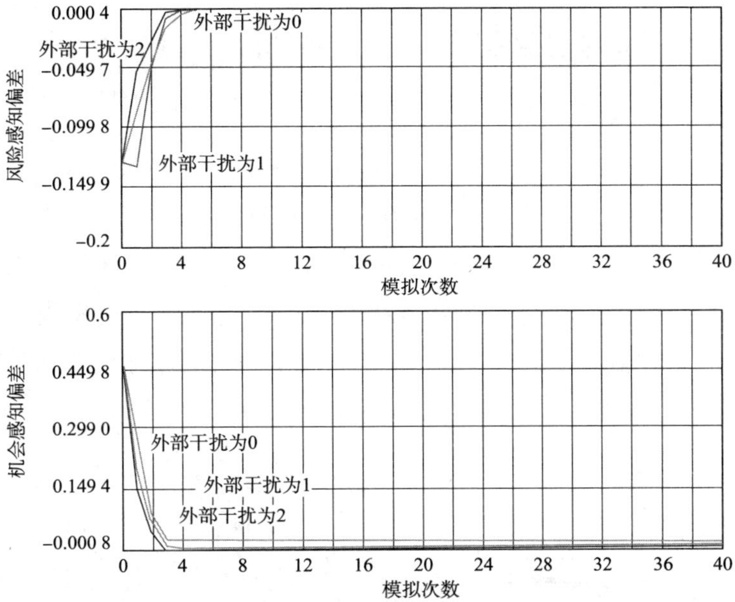

图 5－6　创业者 B 的机会感知偏差和风险感知偏差演化趋势

注：图 5－6 为 Vensim 软件的模拟结果。

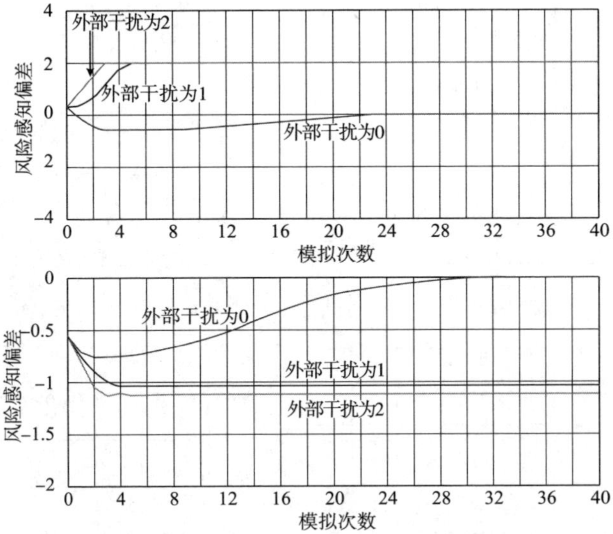

图 5－7　创业者 C 的机会感知偏差和风险感知偏差演化趋势

注：图 5－7 为 Vensim 软件的模拟结果。

5.4.4 决策环境对创业者感知的影响分析

在创业团队风险决策过程中，当一个创业者改变其决策时，相应的决策环境也将被改变；并且在新的决策环境中，所有的创业者将重新调整其机会感知和风险感知。这一现象能够通过如下试验进行验证。

假设股东 A 的初始决策是一个变量，如图 5－1 所示的系统动力学模型中其他参数不变。当股东 A 选择创业方案 S_1 的初始概率 $x|_{t=0}$ 分别被设置为 0%、10%、65% 和 100%，于是，可以观察所有股东的机会感知偏差和风险感知偏差及其变化。相关试验模拟结果如图 5－8 所示。

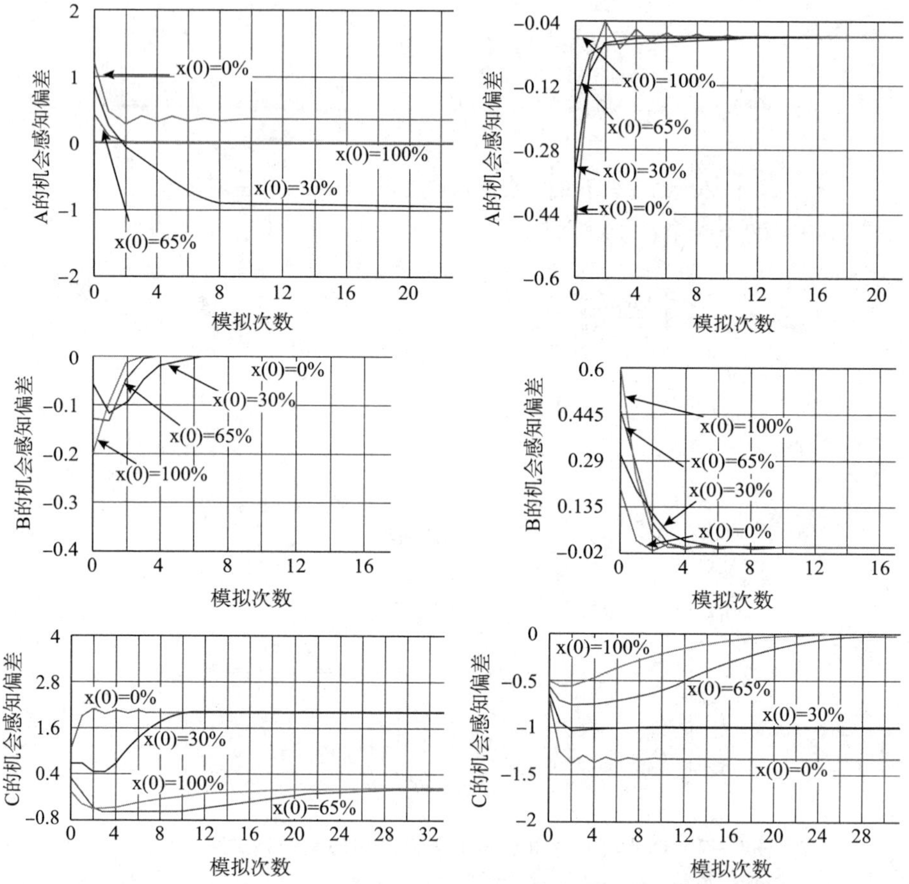

图 5－8 在不同 $x|_{t=0}$ 值下创业者的机会感知偏差、风险感知偏差

注：图 5－8 为 Vensim 软件的模拟结果。

从图 5－8 可知，当股东 A 的创业决策不同时，股东 A、B 和 C 的机会感知偏差和风险感知偏差皆会不同。该现象可以解释为：创业者对任意创业方案的感知都受其决策环境的影响，并且其他个体的决策构成了其决策环境。当任一创业者的决策改变时，决策环境都被改变，以致相关创业者的机会感知偏差和风险感知偏差呈现新的演化特点。

一旦创业者的感知环境变化时，新的环境将影响其他创业者的机会感知和风险感知，这说明在创业团队风险决策过程中存在个体之间的交互和信息反馈。

在一个动态的决策环境中，在创业团队风险决策过程中创业者的决策行为适应性自调整，其决策的调整是以其感知进化为基础的；所以，对于创业团队风险决策学习，感知进化是非常重要的。

第6章　实证分析

6.1　研究目的及思路

创业决策是一个非常复杂的系统性问题，不仅受到个人特质的影响，还受到个人心理认知的影响。随着团队创业成为社会的主流，在团队氛围下的创业决策就显得更加复杂，其复杂性根源于创业决策不仅受到风险决策的影响，还受到群体决策的影响。虽然如此，但是探究创业团队风险决策机理仍然是非常必要的，不仅对改善创业决策有益，而且对促进团队合作有益。为了探究创业团队风险决策的规律，需通过实证探索以下三个问题。

6.1.1　创业风险决策的心智维度量测

创业决策首先属于风险决策，其具有风险决策的一般特性，并受到风险决策的一般规律影响。所以，动机、感知等心理因素发挥着重要的作用。其中，机会感知和风险感知是影响创业决策的直接变量。为此，探索机会感知和风险感知的形成机理及其量度，对于理解创业团队风险决策机理具有重要的意义。

6.1.2　创业团队风险决策的共享心智模型

共享心智模型是团队成员共同拥有的一种知识与信念结构，其在创业团队风险决策中仍然存在。但是，相对于一般群体的共享心智模型，创业团队风险决策的共享心智模型的不稳定性、动态性更强。但是，随着创业团队的发展，其稳定性在增强，其共享心智模型的稳定性、确定性将更加明显，而且影响着创业团队的风险决策。所以，挖掘创业团队共享心智模型对于探索创业团队风险决策机理具有重要的理论和实践意义。

6.1.3　创业团队风险决策的影响机制

结构是创业团队的要素之一，其包含角色结构、技能结构和权力结构。这些不同类型的结构不仅影响着创业团队的行为，而且还影响着创业团队的能力发挥。所以，创业团队结构是影响创业团队风险决策的重要机制因素。探索创业团队角色结构、技能结构和权力结构对创业团队风险决策的影响，有利于理解创业团队风险决策过程中非心理因素的作用机理。这是对创业团队风险决策机理的更深层次探析，具有重要的理论和实践意义。

基于上述分析，下文围绕创业团队风险决策的心智维度量测、创业团队风险决策的共享心智模型、创业团队风险决策的影响机理三个方面对创业团队风险决策机理进行实证研究。

6.2　创业团队风险决策中的权责利配置现实规律

6.2.1　调查设计

自团队创业成为一种新主流创业模式以来，一些新的创业问题出现了。最典型的就是创业团队中的权责利配置问题。在独立创业过程中，创业者承担其创业过程中的全部权力、责任和利益。但在团队创业中并非如此简单：创业者选择合作创业时，必然考虑其中的权责利配置问题，并且权责利的配置对创业团队的风险决策有影响。对于这些特点与规律，本研究拟从如下方面进行调查实证。

（1）在与他人合作创业过程之中，创业者是否关注其权力、责任和利益？

（2）权责利对等有利于团队合作，但现实中能否实现创业团队内的权责利对等？

基于这些研究内容，设计如下的调查问卷（如附录二中的问题 1－4），在此采用 Likert 7 级量表：

（1）在团队创业过程之中，很难实现权责利的对等。

A. 非常不同意　　B. 比较不同意　　C. 稍微不同意
D. 不置可否　　E. 稍微同意　　F. 比较同意
G. 非常同意

（2）在与他人合作创业过程之中，您比较关注您的权力。

A. 非常不同意　　B. 比较不同意　　C. 稍微不同意
D. 不置可否　　E. 稍微同意　　F. 比较同意
G. 非常同意

（3）在与他人合作创业过程之中，您比较关注和重视利益的分配。

A. 非常不同意　　B. 比较不同意　　C. 稍微不同意
D. 不置可否　　E. 稍微同意　　F. 比较同意
G. 非常同意

（4）在与他人合作创业过程之中，您比较关注和重视责任的分割。

A. 非常不同意　　B. 比较不同意　　C. 稍微不同意
D. 不置可否　　E. 稍微同意　　F. 比较同意
G. 非常同意

6.2.2 实证分析

借给武汉市经济贸易委员会调研《全民创业工作评价及政策支持体系研究》的契机，将该问卷投放武汉市，从各创业者中进行调研。具体调研结果如下：

关于创业团队风险决策中的权责利配置问题，本研究从以下四个方面进行了调查：①在团队创业过程之中，很难实现权责利的对等；②在与他人合作创业过程之中，您比较关注您的权力；③在与他人合作创业过程之中，您比较关注和重视利益的分配；④在与他人合作创业过程之中，您比较关注和重视责任的分割。

调查结果显示（见表6－1）：第一，在创业团队风险决策过程中，创业者对其中的权力分配、利益配置和责任分割都有较强的关注，评分分别为4.491 2、5.157 9和5.649 1，都大于4（不置可否）。这说明创业者都基本认同他们“关注权力”“关注和重视利益分配”“关注和重视责任分割”的观点。

表 6-1　权责利配置调查结果

调查结果	问题 1		问题 2		问题 3		问题 4	
	人数	比例（%）	人数	比例（%）	人数	比例（%）	人数	比例（%）
非常不同意	0	0.00	4	3.51	0	0.00	0	0.00
比较不同意	0	0.00	10	8.77	10	8.77	0	0.00
稍微不同意	8	7.02	20	17.54	10	8.77	6	5.26
不置可否	26	22.81	18	15.79	12	10.53	10	8.77
稍微同意	28	24.56	18	15.79	16	14.04	24	21.05
比较同意	38	33.33	42	36.84	52	45.61	52	45.61
非常同意	14	12.28	2	1.76	14	12.28	22	19.31
评分均值	5.210 5		4.491 2		5.157 9		5.649 1	
评分方差	1.140 4		1.552 9		1.478 9		1.055 8	

第二，相对而言，在创业团队风险决策过程中，创业者更关注责任的分割。对此，有 64.91% 的调查对象对“在与他人合作创业过程之中，您比较关注和重视责任的分割”比较同意或非常同意；而关于“在与他人合作创业过程之中，您比较关注和重视利益的分配”和“在与他人合作创业过程之中，您比较关注您的权力”仅有 57.89% 和 38.59% 的调查对象比较同意或非常同意。另外，相对而言，在创业团队风险决策过程中，创业者更关注责任的分割，其次关注的是利益的分配，最不关心的是权力的配置。导致如此现象的原因，可解释为：相对于利益，责任是负性刺激，人们对负性情绪刺激具有某种特殊的敏感性，与正性和中性事件相比，负性刺激似乎拥有一种加工上的优先权（王颖，2008）。❶ 相对于利益和责任，权力是一种中性刺激，因为权力既可以带来利益，也代表一种责任。根据李纾的“齐当别”抉择模型理论，这种中性刺激容易被“齐同”掉，❷ 因而创业者对其的关注要弱一些。

第三，关于创业团队中的权责利是否能实现对等，绝大多数创业者认为这是不可能的。有超过 70.17% 的调查对象对“在团队创业过程之中，很难实现权责利的对等”稍微同意、比较同意或非常同意，而没有调查对

❶ 王颖．论负性情绪的积极价值 [J]．前沿，2008 (1)．

❷ LI S. Equate-to-differentiate: The role of shared and unique features in the judgment process [J]. Australian Journal of Psychology, 2001 (53): 109~118.

象对此非常不同意或比较不同意，仅有7.02%的极少数调查对象对此稍微不同意。

所以，在创业团队风险决策中，虽然实现团队内的权责利对等是不现实的，但是创业者仍然比较关注其中的权力配置、利益分配和责任分割，尤其关注责任分割。

6.3 创业团队风险决策中的多目标权衡现实规律

6.3.1 调查设计

多目标权衡是创业团队风险决策的基本规律。创业者有多参照点权衡行为，投入产出目标权衡行为和短、中、长期目标权衡行为，并呈现一定的规律。对于这些规律的现实存在性，本研究拟从以下四个方面进行调查及实证。

（1）在创业决策时，创业者有多参照点权衡行为，受到多参照点效应的影响。

（2）在创业决策时，创业者考虑多维目标，并在多目标的权衡中进行决策。

（3）在创业决策时，创业者有短、中、长期目标的考量，并在短、中、长期目标的权衡中进行决策。

（4）在创业决策时，创业者有产出的期望，也有投入的顾虑，并在投入与产出目标的权衡中进行决策。

基于以上内容，设计如下问卷（如附录二所示问题5~8）：

（1）在创业决策时，您的收益目标是：希望创业的预期收益超过_________。

A. 近几年的收益　　B. 某一期望的收益

C. 他人的收益水平　　D. A、B、C目标都能实现

（2）在创业决策时，您的目标取向是：期望能通过创业_________（可多选）。

A. 获得丰厚的利益　　B. 提高社会地位及影响力

C. 实现理想与抱负　　　　D. 名利双收

E. 其他

(3) 在创业决策时，您的目标偏好：关注________目标的实现。

A. 短期目标　　　　B. 中期目标

C. 长期目标　　　　D. 短、中、长期目标皆能兼顾实现

(4) 在创业决策时，您的决策思路是：倾向于________。

A. 在一定的投入基础之上，获得产出越多越好

B. 以实现一定的产出为前提，投入越少越好

C. 为了实现一定的产出目标，多投入一些也没有关系

D. 只要不超出我的投入期望，少一些产出也没有关系

E. 产出投入的比例应高于某一标准

6.3.2 实证分析

基于设计的问卷，在武汉市创业者中进行调研，共获取114个调研样本。针对调研样本的数据分析，得出如下结论。

第一，在创业团队风险决策过程中，存在多参照点权衡问题（见表6-2）。虽然有高达50.88%的调查对象希望创业的预期收益超过某一期望的收益，但是，仍然有高达38.60%的调查对象更希望创业的预期收益既超过近几年的收益、又超过某一期望的收益、还能超过他人的收益水平。所以，在创业团队风险决策过程中，存在一定的多参照点效应影响。

表6-2 创业团队风险决策的多参照点效应调查结果

选项	人数	比例（%）
A. 近几年的收益	4	3.51
B. 某一期望的收益	58	50.88
C. 他人的收益水平	8	7.02
D. 上述三个目标都能实现	44	38.60

第二，在创业团队风险决策过程中，创业者的目标具有多元性（见表6-3）。关于问题“在创业决策时，您的目标取向是：期望能通过创业获得丰厚的利益、提高社会地位及影响力、实现理想与抱负、名利双收或其他”，

有49.12%的调查对象选择了单一创业目标，有更多的调查对象选择了多元创业目标。所以，在创业团队风险决策过程中，创业者的目标具有多元性。另外，面对“获得丰厚的利益”“提高社会地位及影响力”“实现理想与抱负”“名利双收”或“其他”等多元创业目标，创业者都有关注，但是创业者更关注“实现理想与抱负”（有56.14%的调查对象关注该目标）。这表明，创业者承认创业是一种赚钱的手段、一种提高社会地位和影响力的方式、一种实现名利双收的策略，更是一种事业。因此，创业者更愿意把创业作为一种事业来发展。

表6-3　创业团队风险决策的多参照点效应调查结果

选项	人数	比例（%）
A. 获得丰厚的利益	46	40.35
B. 提高社会地位及影响力	46	40.35
C. 实现理想与抱负	64	56.14
D. 名利双收	42	36.84
E. 其他	8	7.02
选择单一目标	56	49.12

第三，在创业团队风险决策过程中，存在短、中、长期目标权衡的影响，并且创业者更希望能够实现短、中、长期目标兼顾（见表6-4）。有高达57.89%的调查对象希望创业能同时实现短、中、长期目标，这表明在创业决策过程中，存在创业者的短、中、长期目标权衡行为。另外，在短期目标、中期目标和长期目标中，创业者更关注中期和长期目标，调查中没有创业者选择创业是为了短期目标的实现。这进一步说明，创业者把创业作为一种事业在发展。

表6-4　创业团队风险决策的短、中、长期目标权衡调查结果

选项	人数	比例（%）
A. 短期目标	0	0.00
B. 中期目标	20	17.54
C. 长期目标	28	24.55
D. 短、中、长期目标皆能兼顾实现	66	57.89

第四，在创业团队风险决策过程中，存在投入产出目标的权衡。这从表 6 – 5 所示的调查结果可以看出。“在一定的投入基础之上，获得产出越多越好”“以实现一定的产出为前提，投入越少越好”“为了实现一定的产出目标，多投入一些也没有关系”“只要不超出我的投入期望，少一些产出也没有关系”和“产出投入的比例应高于某一标准”五种投入产出权衡决策思维模式都存在，相关的选项都有创业者选择。但是，相对而言，更多的创业者选择“在一定的投入基础之上，获得产出越多越好”的投入产出权衡决策思维模式，有 31.58% 的调查对象基于此思维模式进行创业决策；持“以实现一定的产出为前提，投入越少越好”投入产出权衡决策思维模式的调查对象占 19.30%；持“为了实现一定的产出目标，多投入一些也没有关系”投入产出权衡决策思维模式的调查对象占 15.79%；持“只要不超出我的投入期望，少一些产出也没有关系”投入产出权衡决策思维模式的调查对象占 12.28%；持“产出投入的比例应高于某一标准”投入产出权衡决策思维模式的调查对象占 19.30%。

表 6 – 5　创业团队风险决策中的投入产出目标权衡调查结果

问题	人数	比例（%）
A. 在一定的投入基础之上，获得产出越多越好	36	31.58
B. 以实现一定的产出为前提，投入越少越好	22	19.30
C. 为了实现一定的产出目标，多投入一些也没有关系	18	15.79
D. 只要不超出我的投入期望，少一些产出也没有关系	14	12.28
E. 产出投入的比例应高于某一标准	22	19.30
同时选择 A、B 和 C	2	1.75

另外，有 31.58% 的调查对象选择“在一定的投入基础之上，获得产出越多越好”投入产出权衡决策思维模式；有 15.79% 的调查对象选择“为了实现一定的产出目标，多投入一些也没有关系”投入产出决策思维模式。这说明创业者希望以最小的投入获取最大的产出，但是创业者对投入更敏感，创业者不期望以牺牲“投入”换取更多的“产出”。该结论可以从“以实现一定的产出为前提，投入越少越好”和“只要不超出我的投入期望，少一些产出也没

有关系”两种思维模式支持的人数对比进一步证实。该结构还可以借助Tversky（1986）的有限理性理论进行进一步解释（见图6－1）：对于创业者而言，其创业投入视为低于参照点的一种“收益”；其创业产出视为高于参照点的一种“收益”。于是，创业投入增加，创业者的效用显著降低；创业产业增加，创业者的效用仅缓慢增长。

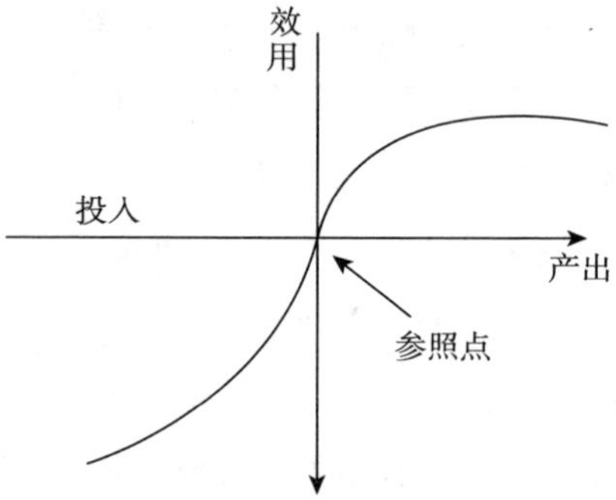

图6－1　创业团队风险决策过程中投入产出权衡行为

6.4　创业团队风险决策的影响机制

6.4.1　理论基础及基本假设

当前关于团队结构的研究，主要集中于探讨团队结构对其绩效的影响；只有为数不多的学者在研究团队结构对其决策的影响。例如，周劲波提出（2005）团队的组成和结构特征直接影响到团队的互动，并影响团队的效能和绩效；白云涛等人（2007）研究了高层管理团队风险偏好异质性对战略投资决策的影响；汪丽等人（2006）研究了董事会职能结构与决策质量的关系。创业团队作为一种重要的管理团队，一直受到关注，但少有学者涉足创业团队结构对创业决策行为及其质量影响的研究，在此拟进行探讨（陈刚，谢科范，2010）。

6.4.1.1　创业团队角色结构与决策行为、决策质量的关系

在一个创业团队内，由于创业任务的复杂性及创业合作的需要，每个个体可能在创业及其决策过程中扮演着不同的角色。这种角色既协调着人际关系，

也影响着工作与职能的定位，因而在创业及其风险决策过程中发挥着重要作用。这种重要作用体现在：当创业团队缺乏某些关键角色时，就会产生角色缺失；当创业团队中角色不明确时，就会产生角色模糊；当成员同时充当两个以上的角色，而且这些角色的行为相悖时，就会产生角色冲突；当成员不是定位于最合适、最恰当的岗位时，就会出现角色错位。无论是角色缺位、角色模糊、角色冲突，还是角色错位，都会降低创业团队风险决策过程中的相互权衡作用，从而影响创业团队风险决策行为；都会制约决策信息的全面收集、决策问题的全面理解，影响决策者的工作效率、决策满意度和一致性。所以，创业团队角色结构的完整性、明确性和对位性等会影响创业团队风险决策行为及其决策质量，为此可假设：

假设 1：创业团队角色结构对其决策行为有影响作用。

假设 2：创业团队角色结构对其决策质量有影响作用。

6.4.1.2　创业团队技能结构与决策行为、决策质量的关系

创业团队成员的职能分工必须做到明确、清晰和完整，要兼有技术、市场和生产方面的技能人才（Timmons，2006），即完整的技能配置对于一个创业团队是非常重要的。当团队内的技能及其结构不完整时，会影响决策问题的全面性、客观性和公正性认知，从而导致决策过程中相互权衡功能失效，甚至出现决定权威，以致影响民主决策机制的施展；还会因认知的深度、全面性、客观性不足，而导致决策偏颇，以致影响决策质量。当团队内成员的技能具有异质性时，认知冲突会增加，影响决策效率；但是，当团队内成员的技能缺乏异质性时，则会影响决策质量。一般而言，创业团队技能异质性越大，创业决策的效率越低；创业团队技能异质性越小，创业决策质量越低。当团队内成员的技能具有互补性时，可减少认知冲突，进而提高决策效率；同时，技能互补性还会弥补彼此在决策过程中的不足，有助于提高决策质量。基于此，做如下假设：

假设 3：创业团队技能结构对其决策行为有影响作用。

假设 4：创业团队技能结构对其决策质量有影响作用。

6.4.1.3　创业团队权力结构与决策行为、决策质量的关系

决策权力的分配会影响决策质量（宋云，2007），不仅对成熟企业如此，在创业团队内也是这样的。在创业团队内，每个角色都有相应的职能定

位、资源掌控权和信息量及其流通途径，当权力配置与角色不相互匹配时，可能会降低信息的利用率，导致决策质量下降；当权力不为相关角色所掌握时，角色的作用将丧失，决策过程中的相互制衡作用、决策权重配置将失效（刘树林，等，2005）。当权力配置与能力不互相匹配时，会导致盲目决策、偏颇决策；而且当权力被无能者掌控时，会影响决策的群体满意度，影响决策过程中的沟通、交流，危及创业团队风险决策行为；另外，当团队决策的集权和分权程度与团队能力不匹配时，会影响决策质量。权力和责任的对等是权力分配的一个基本原则，当权责不对等时，既可能导致决策的冒进或保守，从而影响决策的独立性、客观性；也可能影响决策的氛围，破坏创业风险决策过程中的动态均衡，从而影响决策行为。据此，可做如下假设：

假设5：创业团队权力结构对其决策行为有影响作用。

假设6：创业团队权力结构对其决策质量有影响作用。

（四）创业团队风险决策行为与决策质量的关系

创业团队风险决策行为对决策质量的影响则更加复杂。白云涛等人（2008）认为有知识权威和复合权威的团队能够明显提高高层决策结果的质量，引导组织决策得到满意、认可的决策方案，同时权威采取的决策程序对于结果的一致性也会有一定的影响。朱华燕和郑全全（2001）提出MAU程序和自由讨论会影响群体决策质量。可见，创业团队决策过程中的决策方式、模式、程序等都会影响创业团队的决策质量，为此可做如下假设：

假设7：创业团队风险决策行为对其决策质量有影响作用。

由于创业团队角色结构、技能结构和权力结构会影响创业团队的决策行为，而创业团队的决策行为又会影响创业团队的决策质量，依此可推定创业团队的决策行为在创业团队的结构和创业团队的决策质量之间存在中介作用。因此可进一步假设：

假设8：创业团队决策行为对创业团队结构与决策质量之间有中介作用。

综合上述假设，可得出如图6－2所示的概念框架。

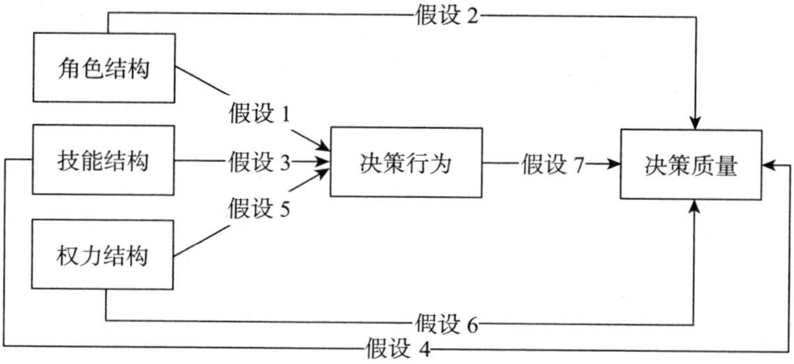

图 6 – 2　概念框架

6.4.2　研究设计

对于如图 6 – 2 所示的概念模型，需要进行验证，具体验证思路如下。

6.4.2.1　变量的定义与衡量

对于创业团队角色结构、技能结构、权力结构、决策行为和决策质量的测量使用 Likert 5 点量表来度量（见表 6 – 6）。

表 6 – 6　观察变量问卷

变量	评价的内容
*RS*1	本人所在创业团队技术、市场、生产和管理等各种关键角色齐全
*RS*2	本人所在创业团队关键角色的权责利明确
*RS*3	本人所在创业团队的关键角色人员配置合理
*SS*1	本人所在创业团队具备适应目前事业发展所需的基本技能
*SS*2	本人所在创业团队所有成员的基本技能不具同质性
*SS*3	本人所在创业团队成员之间的技能具有互补性
*PS*1	本人所在创业团队能做到权力与角色相匹配
*PS*2	本人所在创业团队能做到权力与能力相适应
*PS*3	本人所在创业团队能做到权责对等
*DB*1	本人所在创业团队重视决策过程中的专家意见和头脑风暴法
*DB*2	本人所在创业团队重视决策过程中的角色作用
*DB*3	本人所在创业团队重视决策过程中的民主讨论和民主表决机制
*DQ*1	本人所在创业团队对现行创业方案没有异议
*DQ*2	我们是在创业条件比较成熟、时机比较恰当的情形下开始创业的
*DQ*3	我们对现行的创业决策并不后悔

（1）创业团队结构。在创业团队风险决策过程中，由于角色结构的完整性、明确性和对位性，技能结构的全面性、异质性和互补性，权力结构的角色匹配性、能力匹配性和权责对等性等会影响创业团队风险决策行为及其决策质量；所以，关于角色结构、技能结构和权力结构量表的设计分别从角色结构的完整性、明确性和对位性，技能结构的全面性、异质性和互补性，权力结构的角色匹配性、能力匹配性和权责对等性展开，设计如表 6－6 所示的问卷项目。

（2）创业团队决策行为。借鉴周劲波等人（2005）围绕创业团队决策模式设计的问卷，在此基础上进行改进，从决策方法、模式和途径等方面测量创业团队决策行为。

（3）创业团队决策质量。白云涛等人（2008）从群体对过程和结果的满意度、结果的一致性及决策时间等方面度量高层管理团队决策质量的思路，这里从决策评价、决策抱怨、决策后悔等方面测量创业团队决策质量。

6.4.2.2　研究样本

本研究以新创企业的管理者为调研对象，在武汉市洪山区华中科技创业园和武昌区凤凰工业园进行了集中调研。共发放问卷 382 份，回收问卷 361 份，有效问卷占到 79.5%，其样本具体分布如下：创业的主导者占 63.4%，创业的参与者占 24.7%，其他创业雇员占 11.9%。从整体看，调研对象具有较强的代表性，调研样本能有效反映创业者的一般态度。

6.4.2.3　效度分析

利用 SPSS13.0 软件对调研的样本数据进行因子分析（结果见表 6－7）。创业团队结构共 9 个问项，进行主成分分析之前进行 KMO 检验和 Bartlett 球体检验，结果显示 KMO 值为 0.741，大于 0.5；而且 Bartlett 球体检验结果拒绝了相关系数为单位矩阵的原假设（Sig. =0.000），说明该样本适合进行因子分析。进行主成分分析时，以取特征值大于 1、最大变异法进行旋转，结果提炼出 3 个因子，能解释全部变异的 70.31%，且提炼的每个因子载荷都大于 0.7，足见创业团队结构量表具有较好的效度。

创业团队的决策行为和决策质量各 3 个问项，进行主成分分析之前进行 KMO 检验的结果分别是 0.670 和 0.516，都大于 0.5；而且它们的 Bartlett 球体检验结果都拒绝了相关系数为单位矩阵的原假设（Sig. =0.000），说明适合进行因子分析。进行主成分分析时，以取特征值大于 1、最大变异法进行旋转，结果分别提炼了1个因子，且分别能解释全部变异的67.300%和74.077%。提炼的每个因子载荷都大于0.7，说明创业团队决策行为和决策质量量表具有较好的效度。

表6-7　本研究量表因子载荷与信度检验

变量		问项	因子载荷	特征值/解释变异	Cronbach's Alpha	KMO
创业团队结构	角色结构	*RS*1	0.795	3.340/37.109%	0.802	0.741
		*RS*2	0.848			
		*RS*3	0.850			
	技能结构	*SS*1	0.667	1.724/19.157%	0.706	
		*SS*2	0.828			
		*SS*3	0.795			
	权力结构	*PS*1	0.886	1.264/14.044%	0.803	
		*PS*2	0.853			
		*PS*3	0.808			
创业团队决策行为		*DB*1	0.772	2.019/67.300%	0.753	0.670
		*DB*2	0.823			
		*DB*3	0.863			
创业团队决策质量		*DQ*1	0.788	2.222/74.077%	0.813	0.516
		*DQ*2	0.829			
		*DQ*3	0.956			

6.4.2.4　信度分析

利用SPSS13.0软件对调研的样本数据进行可靠性分析。结果显示：角色结构、技能结构、权力结构、决策行为和决策质量的Cronbach's Alpha分别为0.802、0.706、0.803、0.753和0.813，都在可以接受的范围内。这表明本研究设计的创业团队结构、决策行为和决策质量的量表具有较好的信度。

6.4.3　实证分析

本研究的假设检验使用层级回归，首先排除控制变量对因变量的影响；然后分析主效应的影响，结果如表6-8和表6-9所示。

6.4.3.1　创业团队角色结构与创业团队决策行为

以角色结构为自变量，决策行为为因变量，进行一元回归分析，结果如

表6-8所示的模型1。结果表明，创业团队角色结构与创业团队决策行为有显著的正向影响关系，假设1得到证实。所以，创业团队角色结构的完美性有利于创业团队决策行为的科学化。

表6-8　创业团队结构与决策行为、决策质量的单因素影响关系

因素	决策行为			决策质量			
	模型1	模型2	模型3	模型4	模型5	模型6	模型7
常数项	1.939**	1.796**	2.044**	1.545**	1.431**	1.725**	1.114**
角色结构	0.287**			0.373**			
技能结构		0.330**			0.405**		
权力结构			0.279**			0.346**	
决策行为							0.554**
F	23.373**	21.764**	26.549**	82.495**	65.646**	85.432**	311.363**
R^2	0.080	0.075	0.090	0.234	0.196	0.240	0.536

注：** $p<0.01$；* $p<0.05$。

6.4.3.2　创业团队技能结构与创业团队决策行为

以技能结构为自变量，决策行为做因变量，进行一元回归分析，得到表6-8中模型2。结果表明，创业团队技能结构与创业团队决策行为有显著的正向影响关系，假设3得证。所以，创业团队技能结构的完善性亦有利于创业团队决策行为的优化。

6.4.3.3　创业团队权力结构与创业团队决策行为

以权力结构为自变量，决策行为为因变量，进行一元回归分析，结果如表6-8中模型3所示。从结果可知，创业团队权力结构与创业团队决策行为有显著的正向影响关系，假设5得证。所以，创业团队权力结构的合理性有利于创业团队决策行为的科学化，可以推进科学决策。

6.4.3.4　创业团队角色结构与创业团队决策质量

以角色结构为自变量，决策质量为因变量，进行一元回归分析，结果为表6-8中的模型4。结果表明，创业团队角色结构与创业团队决策质量有显著的正向影响关系，假设2得到验证，即创业团队角色结构的完美性有利于创业团队决策质量的改善。

6.4.3.5　创业团队技能结构与创业团队决策质量

以技能结构为自变量，决策质量为因变量，进行一元回归分析，结果为表6-8中模型5。结果表明，创业团队技能结构与创业团队决策质量有显著的正向影响关系，假设4得到验证。所以，创业团队技能结构的完善性有利于创业团队决策质量的改善。

6.4.3.6　创业团队权力结构与创业团队决策质量

以权力结构为自变量，决策质量为因变量，进行一元回归分析，得到表6-8中模型6。结果表明，创业团队权力结构与创业团队决策质量有显著的正向影响关系，假设6得到验证。这反映了创业团队权力结构的合理性有利于创业团队决策质量的改善。

6.4.3.7　决策行为对团队结构与决策质量之间关系的中介效应

以角色结构、技能结构和权力结构为自变量，以决策行为为因变量，进行多元回归，结果如表6-9中的模型8所示。可以发现，创业团队决策行为与创业团队角色结构、技能结构和权力结构之间存在显著的正相关关系，这也进一步验证了假设1、假设3和假设5。

表6-9　决策行为对创业团队结构和决策质量的中介作用

因素	决策行为	决策质量	
	模型8	模型9	模型10
常数项	1.178**	0.632**	0.130**
角色结构	0.186（0.062）**	0.252**	0.172（0.029）**
技能结构	0.172（0.075）*	0.200**	0.127（0.035）**
权力结构	0.198（0.056）*	0.245**	0.160（0.026）**
决策行为			0.426（0.028）**
F	16.279**	65.971**	150.526**
R^2	0.154	0.425	0.693

注：** $p<0.01$；* $p<0.05$；（ ）中数据表示方差。

然后，以角色结构、技能结构、权力结构为自变量，以决策质量为因变量，进行多元回归，结果如表6-9中模型9所示。从结果可知，创业团队决策质量与创业团队角色结构、技能结构和权力结构之间存在显著正相关关系，这进一步验证了假设2、假设4和假设6是成立的。

同时，以决策行为为自变量，决策质量为因变量，进行一元回归分析，结果如表6－8中模型7所示。从结果可知，创业团队决策行为与创业团队决策质量有显著的正向影响关系，因此假设7得到验证。这表明：创业团队决策行为的科学性有利于创业团队决策质量的改善。

最后，在原模型8（以角色结构、技能结构、权力结构为自变量，决策质量为因变量）的基础之上，增加一个自变量——决策行为，再进行多元回归，结果如表6－9中模型10所示。从结果可知，创业团队决策质量与创业团队角色结构、技能结构、权力结构和决策行为之间存在显著的正相关关系，而且角色结构对决策质量的回归系数从模型9的0.252降低为模型10的0.172；技能结构对决策质量的回归系数从模型9的0.200降低为模型10的0.127；权力结构对决策质量的回归系数从模型9的0.245降低为模型10的0.160。

上述四种分析结果满足R. M. Baron和D. A. Kenny（1986）的中介作用描述性标准，表明创业团队决策行为在创业团队角色结构、技能结构、权力结构与决策质量之间发挥中介作用。但是为了更准确判断中介效应是否存在，可以用Mackinnon等人建议的Sobel－test方法进行检验。Z_{rq}、Z_{sq}、Z_{pq}分别表示创业团队决策行为对角色结构、技能结构、权力结构对与决策质量之间中介作用的检验统计量，结果分别为$Z_{rq}=2.968$，$Z_{sq}=2.268$，$Z_{pq}=3.465$。从结果来看，创业团队决策行为对角色结构、技能结构和权力结构的调节作用的Z值都大于1.96，通过了Sobel－test检验。由此，决策行为是创业团队角色结构、技能结构、权力结构与决策质量之间的一个重要中介变量，假设7得到验证。

创业活动具有高风险性，为了应付创业环境的复杂性，创业活动多是以创业团队的形式进行的。在创业团队成为创业实施主体的同时，创业团队也面临着如何有效组织以提高决策质量的问题。角色结构、技能结构和权力结构是创业团队组织结构的一般特征，三者不仅能有效、全面地反映创业团队的内质，构成创业团队结构的三个基本维度（谢科范，陈刚）；而且还通过各种途径影响着创业团队决策行为及其质量。

创业团队结构与创业团队决策行为及其决策质量的关系研究表明：创业团队角色结构的完整性、明确性和对位性不仅会直接影响创业团队决策质量，而且还会通过创业团队决策行为间接影响创业团队决策质量；创业团队技能结构的全面性、异质性和互补性不仅会直接影响创业团队决策质量，而且还会通过创业团队决策行为间接影响创业团队决策质量；创业团队权力结构的角色匹配性、能力匹配性和权责对等性不仅会直接影响创业团队的决策质量，而且还会通过创业团队决策行为间接地影响创业团队的决策质量。

创业团队决策行为作为创业团队角色结构、技能结构和权力结构与决策质量的关键中介变量，它系统地影响着创业团队的决策质量：创业团队角色结构、技能结构和权力结构系统地影响着创业团队的决策行为，决策行为将角色结构、技能结构和权力结构的影响系统地传递于决策质量。

因此，创业团队风险决策行为中角色结构、技能结构和权力结构的影响机理研究表明：创业团队角色结构的完美性、权力结构的完善性、权力结构的合理性既有利于创业团队决策行为的科学化，也有利于创业团队决策质量的改善；决策行为作为创业团队结构与决策质量的中介变量，为改善创业团队决策质量，可通过控制决策行为实现。

第 7 章　总结与研究展望

7.1　总结

基于创业管理、团队管理、创业决策、群体决策及风险决策等理论，本书系统探讨了创业团队风险决策机理。首先，从创业团队的界定、创业团队风险决策的界定、创业团队风险决策的认知心理学和创业团队风险决策的适应性理论等角度，阐释了创业团队风险决策的理论框架。然后，从创业团队风险决策中的权力分布、利益配置和风险配置等方面，探讨了创业团队风险决策的权责利配置机理。随后，从创业团队风险决策的多参照点权衡，投入产出目标权衡，短、中、长期目标权衡等视角，探讨了创业团队风险决策的多目标权衡机理。接着，对创业团队风险决策的学习行为、学习机制进行了分析，构建了创业团队风险决策的系统动力学模型，并进行实证，挖掘了创业团队风险决策的自学习进化机理。最后，从创业风险决策的心智维度量测、共享心智模型及影响机制等角度，通过实证分析进一步研究了创业团队风险决策的相关机理。

7.2　创新点

本研究的创新点归结为如下 4 点。

（1）构建了创业团队风险决策的决策权分布模型、风险配置模型及利益配置模型。权责利既是创业团队风险决策的重要内容，也是影响创业团队风险决策的重要因素。为此，本研究首先探索了在创业团队风险决策中权责利配置的基本规律，并基于相关规律，构建了创业团队风险决策中的决策权分布模型、风险配置模型和利益配置模型，从决策权分布、风险责任配置和利益配置三个不同视角探讨了创业团队风险决策的权责利配置机理。

（2）构建了创业团队风险决策的集对博弈模型。在创业过程中，创业者受到多个参照点的影响。为此，其决策需要在多参照点之间权衡，而且其权衡过程还受到群体博弈的影响。这就是创业团队风险决策的参照点机制。基于此，构建了创业团队风险决策的集对博弈模型。

（3）探索了创业团队风险决策的投入产出目标权衡，短、中、长期目标权衡机理。创业是一项复杂的系统工程，不仅涉及投入，而且涉及产出；不仅涉及短期目标的实现，而且涉及中期和长期目标的实现。所以，创业决策需要在投入产出目标的权衡，短、中、长期目标的权衡之中做出决策。基于此，分别构建了创业团队风险决策的投入产出权衡博弈模型和短、中、长期目标权衡博弈模型。

（4）构建了创业团队风险决策的系统动力学模型。创业决策是一项适应性决策行为，本研究剖析了创业团队风险决策的学习行为和学习机制。基于此，构建了创业团队风险决策的系统动力学模型，并从实证中挖掘了创业团队风险决策过程中的学习机理。

7.3　研究展望

本书的研究限于条件，还存在一些不足。这些不足，将在后继的研究中，逐步加以改善。对于本论题的研究展望有如下四个方面。

7.3.1　关于创业团队风险决策，还有许多理论有待于充实

本书以创业团队风险决策为基础，研究了其权责利配置机理、多目标权衡机理和自学习进化机理。在研究中，提出了一些观点和看法，充实了创业团队风险决策理论。但是，由于创业是一个不断发展的新事物，随着社会、经济等环境因素的变化，仍然在不断地冒出新的创业问题，从而使创业决策呈现新的特点，相关的创业团队风险决策也凸显出新的规律。因此，创业团队风险决策

机理的研究，还有待于进一步深入和完善。

7.3.2 有些理论探讨未能深入到实践中

本书通过对创业团队风险决策机理的探讨，得出了一些结论。如果能够进一步深入实际，实现机理挖掘、模型构建和实证相结合，将能够更准确地反映现实，从而得出更有实用价值的结论。理论研究的成果，在实际应用中，也将得到检验，而实践也将因为理论的指导而更有方向性。

7.3.3 尚未涉及创业团队风险决策模式的研究

本书通过理论和实践研究，重点挖掘了创业团队风险决策权责利配置机理、多目标权衡机理和自学习进化机理。但是，这些机理要应用到现实的创业团队风险决策过程之中，还必须探讨其决策模型、模式及机制。所以，下一步需要深入地探讨创业团队风险决策的模型、模式及机制，以为中国的团队创业做出贡献。

7.3.4 在创业团队风险决策机理研究过程中，有一些新的理论尚未完全应用

本书重点挖掘了创业团队风险决策权责利配置机理、多目标权衡机理和自学习进化机理，但是在这些机理研究过程中，适应性决策、生态理性决策等先进理论并非应用到了每个机理的研究之中。例如，创业团队风险决策的投入产出目标权衡机理，就没有应用到适应性决策理论。对于这些问题，将在以后的研究中跟进。

参考文献

[1] ARCHER K J, JOHNSON D W, JOHNSON R T. Individual versus group feedback in cooperative groups [J]. The Journal of Social Psychology, 1994 (134): 681 -689.

[2] ARDICHVILI A, CARDOZO R, RAY S. A theory of entrepreneurial opportunity identification and development [J]. Journal of Business Venturing, 2003, 18 (1): 105 -123.

[3] BANERJEE A. Fuzzy preference and arrow - type problems in social choice [J]. Social Choice and Welfare, 1994 (11): 121 -130.

[4] BARR S H, CONLON E J. Effects of distribution of feedback in work groups [J]. Academy of Management Journal, 1994, 37 (3): 641 -655.

[5] BENDOLY E, BACHRAH D G. A process - based model for Priority convergence in multi - period group decision - making [J]. European Journal of Operational Research, 2003, 148 (3): 534 -545.

[6] BERGLUND H. Toward a theory of entrepreneurial action: Exploring risk, opportunity and self in technology entrepreneurship [D]. Gothenburg: Chalmers University of Technology, 2005.

[7] BIRD B J. Implementing entrepreneurial ideas: The case of intention [J]. Academy of Management Review, 1988, 13 (3): 442 -453.

[8] BODILY S E. A delegation process for combining individual utility functions [J]. Management Science, 1979, 25 (10): 1035 -1041.

[9] BOYD D P, GUMPERT D E. Coping with entrepreneurial stress [J]. Harvard Business Review, 1983 (61): 44 -64.

[10] BOYD N G, VOZIKIS G S. The influence of self - efficacy on the development of entrepreneurial intentions and actions [J]. Entrepreneurship Theory & Practice, 1994 (18): 63 -90.

[11] BRANDSTATTER E, GIGERENZER G, HERTWIG R. The priority heuristic: Making

choices without trade – offs [J]. Psychological Review, 2006, 113 (2): 409 – 432.

[12] BROCKHAUS R H, NORD W R. An exploration of the factors affecting the entrepreneurial decision: Personal characteristics versus environmental conditions [J]. Academy of Management Proceedings, 1979: 364 – 368.

[13] BROCKHAUS SR R H. Risk – taking propensity of entrepreneurs [J]. Academy of Management Journal, 1980 (23): 509 – 520.

[14] BY LESLIE E PALICH, D RAY BAGBY. Using cognitive theory to explain entrepreneurial risk – taking: Challenging conventional wisdom [J]. Journal of Business Venturing, 1995, 10 (6): 425 – 443.

[15] CHANDLER G N, LYON D W. Entrepreneurial teams in new ventures: composition, turnover and performance [J]. Academy of Management Proceedings, 2001: A1 – A6.

[16] CHRISTIAN J RESICK, MARCUS W DICKSON, JACQUELINE K MITCHELSON, LESLIE K ALLISON, MALISSA A CLARK. Team composition, cognition, and effectiveness: Examining mental model similarity and accuracy [J]. Group Dynamics, 2010, 14 (2): 174 – 191.

[17] CHU P C, SPIRES E E. Perceptions of accuracy and effort of decision strategies [J]. Organizational Behavior and Human Decision Processes, 2003, 91 (2): 203 – 214.

[18] CHUNG – HUNG TSAI, DAUW – SONG ZHU, BRUCE CHIEN – TA HO, DESHENG DASH WU. The effect of reducing risk and improving personal motivation on the adoption of knowledge repository system [J]. Technological Forecasting & Social Change, 2000 (77): 840 – 856.

[19] CLARYSSE B, MORAY N. A process study of entrepreneurial team formation: the case of a research based spin off [J]. Journal of Business Venturing, 2004, 19 (1): 55 – 79.

[20] COOPER A C, DAILY C M. Entrepreneurial teams [J]. Entrepreneurship, 1997: 127 – 150.

[21] DANIEL KAHNEMAN, DAN LOVALLO. Timid choices and bold forecasts: A cognitive perspective on risk – taking [J]. Management Science, 1993, 39 (1): 17 – 31.

[22] DAVID A. HARPER. Towards a theory of entrepreneurial teams [J]. Journal of Business Venturing, 2008, 23 (6): 613 – 626.

[23] DAVID FORLANI, JOHN W MULLINS. Perceived risks and choices in entrepreneurs' new venture decisions [J]. Journal of Business Venturing, 2000 (15): 305 – 322.

[24] DAWN R DETIENNE. Entrepreneurial exit as a critical component of the entrepreneurial

process: Theoretical development [J]. Journal of Business Venturing, 2010 (25): 203 - 215.

[25] DESHENG WU. Performance evaluation: An integrated method using data envelopment analysis and fuzzy preference relations [J]. European Journal of Operational Research, 2009 (194): 227 - 235.

[26] DESHENG WU, D L OLSON. Introduction to the special issue on "Optimizing Risk Management: Methods and Tools" [J]. Human and Ecological Risk Assessment, 2009, 15 (2): 220 - 226.

[27] DESHENG WU, XIE KEFAN, LIU HUA, ZHAO SHI, DAVID L OLSON. Modeling technological innovation risks of an entreprenerial team using dynamics: An agent - based perspective [J]. Technological Forecasting and Social Change, 2010, 77 (6): 857 - 869.

[28] DYER J S, SURLIN R K. Group preference aggregation rules based on strength of preference [J]. Management Science, 1979, 25 (9): 22 - 34.

[29] EHTAMO H, KETTUNEN E, HAMALAINEN R P. Searching for joint gains in multi - party negotiations [J]. European Journal of Operational Research, 2001, 130 (1): 54 - 69.

[30] EISENHARDT K, BOURGEOIS L J. Politics of strategic decision making in high velocity environments: toward a mid - range theory [J]. Academy of Management Journal, 1988 (31): 737 - 70.

[31] ENSLEY M D, PEARSON A W, SARDESHMUKH S R. The negative consequences of pay dispersion in family and non - family top management teams and exploratory analysis of new venture, high - growth firms [J]. Journal of Business Research, 2007, 60 (10): 109 - 1047.

[32] F HERRERA, L MARTINEZ. A2 - tuple fuzzy linguistic representation model for computing with words [J]. IEEE Transactions on Fuzzy Systems, 2000, 7 (4): 746 - 752.

[33] FAURE G O, et al. Social emotional aspects of negotiation [J]. Eur. J. Operational Research, 1990, 46 (2).

[34] FORBES D P, BORCHERT P S, ZELLMER - BRUHN M E, SAPIENZA H J. Entrepreneurial teams: An exploration of new member addition [J]. Entrepreneurship Theory & Practice, 2006, 30 (2): 225 - 248.

[35] FORLANI D, MULLINS J W. Perceived risks and choices in entrepreneurs' new venture decisions [J]. Journal of Business Venturing, 2000, 15 (3): 305 - 322.

[36] FRANCIS D H, SANDBERG W R. Friendship within entrepreneurial teams and its associa-

tion with team and venture performance [J]. Entrepreneurship Theory & Practice, 2002 (25): 5 -25.

[37] FREDRICKSON B L, BRANIGAN C. Positive emotions broaden the scope of attention and thought - action repertoires [J]. Cognition and Emotion, 2005, 19 (3).

[38] FRENCH J R P, RAVEN B H. The bases of social power [D]. Ann Arbor: University of Michigan, 1959: 150 -167.

[39] GARTNER W B. Some suggestions for research on entrepreneurial traits and characteristics [J]. Entrepreneurship Theory & Practice, 1989 (14): 27 -37.

[40] GARTNER, SHAVER, GATEWOOD, KATZ. Finding the entrepreneur in entrepreneurship [J]. Entrepreneurship Theory & Practice, 1994 (18): 5 -10.

[41] GOLDSTEIN D G, GIGERENZER G. Models of ecological rationality: the recognition heuristic [J]. Psychological Review, 2002 (109): 75 -90.

[42] HARSANYI J C. Rational behavior and bargaining equilibrium in games and social situations [D]. Cambridge, England: Cambridge University, 1977.

[43] HINSZ V B, TINDALE R S, VOLLRATH D A. The emerging conceptualization of groups as information Processors [J]. Psychological Bulletin, 1997 (121): 43 -64.

[44] HIRONORI HIGASHIDE, SUE BIRLEY. The consequences of conflict between the venture capitalist and the entrepreneurial team in the United Kingdom from the perspective of the venture capitalist [J]. Journal of Business Venturing, 2002, 17 (1): 59 -81.

[45] HMIELESKI K M, ENSLEY M D. A contextual examination of new venture performance entrepreneur leadership behavior top management team heterogeneity, and environmental dynamism [J]. Journal of Organizational Behavior, 2007, 28 (7): 865 -880.

[46] HMIELESKI K M, ENSLEY M D. The effects of entrepreneur abusive supervision [J]. Academy of Management Proceedings, 2007: 1 -6.

[47] HSEE C, WEBER E U. Cross - national differences in risk preference and lay predictions [J]. Journal of Behavioral Decision Making, 1999, 12 (2): 165 -179.

[48] J ROBERT MITCHELL, DEAN A SHEPHERD. To thine own self be true: Images of self, images of opportunity, and entrepreneurial action [J]. Journal of Business Venturing, 2010, 25 (1): 138 -154.

[49] JAVIER CASTRO, DANIEL GOMEZ, JUAN TEJADA. Polunomial calculation of the Shapley value based on Sampling [J]. Computers & Operations Research, 2009 (36): 1726 -1730.

[50] JEFFREY J REUER, AFRCA ARINO, THOMAS MELLEWIGT. Entrepreneurial alliances as contractual forms [J]. Journal of Business Venturing, 2006 (21): 306 - 325.

[51] JILL C, et al. The assessment of optimistic self belifs: Comparison of the Chinese, Indonesian, Japanese, and Korean version of the general self efficacy scale [J]. Psychologic, 2005 (40): 1 - 13.

[52] KAHNEMAN D, TVERSKY A. Prospect theory: An analysis of decision under risk [J]. Econometrica, 1979, 47 (2): 263 - 291.

[53] KAMM J B, SHUMAN J C, SEEGER J A, NURICK A J. Entrepreneurial teams in new venture creation: a research agenda [J]. Entrepreneurship Theory & Practice, 1990, 14 (4): 7 - 17.

[54] KAMM J, NURICK A. The stages of team venture formation: a decision making model [J]. Entrepreneurship Theory & Practice, 1993, 17 (2): 17 - 28.

[55] LECHLER T. Social Interaction: A determinant of entrepreneurial team venture success [J]. Small Business Economics, 2001, 16 (4): 263 - 281.

[56] LERNER J S, KELTHNER D. Beyond valence: Toward a model of emotion - specific influences on judgment and choices [J]. Cognition and Emotion, 2000 (14): 473 - 494.

[57] LESLIE A DECHURCH, JESSICA R MESMER - MAGNUS. Measuring shared team mental models: A meta - analysis [J]. Group Dynamics, 2010, 14 (1): 1 - 14.

[58] LOEWENSTEIN G, WEBER E, HSEE C, WELCH N. Risk as feelings [J]. Psychological Bulletin, 2001, 127 (2): 267 - 286.

[59] LOPES L L. Between hope and fear: the psychology of risk [J]. Advances in Experimental Social Psychology, 1987 (20): 255 - 295.

[60] MELLERS B A, SCHWARTZ A, HO K, RITOV I. Elation and disappointment: Emotional responses to risky options [J]. Psychological Science, 1997, 8 (6): 423 - 429.

[61] MITSUKO HIRATA. Start - up teams and organizational growth in Japanese venture firms [D]. Tokai University, 2000.

[62] MURRAY A I. Top management group heterogeneity and firm performance [J]. Strategic Management Journal, 1989 (10): 125 - 141.

[63] NATHALIE MORAY, BART CLARYSSE. Institutional change and resource endowments to science - based entrepreneurial firms [J]. Research Policy, 2005 (34): 1010 - 1027.

[64] NURMI H. Approaches to collective decision making with fuzzy preference relations [J]. Fuzzy Set and Systems, 1981 (12): 117 - 131.

[65] ORDONEZ L D, CONNOLLY T, COUGHLIAN R. Multiple reference points in satisfaction and fairness assessment [J]. Journal of Behavioral Decision Making, 2000, 13 (3): 329 – 344.

[66] PAYNE J W, BETTMAN J R, JOHNSON E J. The adaptive decision behavior [M]. Cambridge: Cambridge University Press, 1993.

[67] PECH R J, CAMERON A. An entrepreneurial decision process model describing opportunity recognition [J]. European Journal of Innovation Management, 2006, 9 (1): 61 – 78.

[68] PLOTT C R. Axiomatic social choice theory: an overview and interpretation [J]. American Journal of Political Science, 1976 (XX): 511 – 596.

[69] RAGHUNATHAN R, PHAM M T. All negative moods are not equal: Motivational influence of anxiety and sadness on decision making [J]. Organizational Behavior and Human Decision Process, 1999 (79): 56 – 77.

[70] RAMANATHAN R, GANESH L S. Group Preference aggregation methods employed in ahp: an evaluation and an intrinsic process for deriving members' weightages [J]. European Journal of Operational Research, 1994 (79): 249 – 265.

[71] ROBINSON S, WELDON E. Feedback seeking in groups: A theoretic perspective [J]. British Journal of Social Psychology, 1993 (32): 71 – 86.

[72] ROBINSON. Measures of entrepreneurial value creation: An investigation of the impact of strategy and industry structure on the economic performance of independent new ventures [D]. Athens: The University of Georgia, 1995.

[73] ROURE J B, MAIDIQUE M A. Linking prefunding factors and high – technology venture success: An exploratory study [J]. Journal of Business Venturing, 1986, 1 (3): 295 – 306.

[74] ROXANNE ZOLIN, ANDREAS KUCKERTZ, TEEMU KAUTONEN. Human resource flexibility and strong ties in entrepreneurial teams [J]. Journal of Business Research, 2010 (10).

[75] SANFORD B EHRLICH, ALEX F DE NOBLE, TRACY MOORE, RICHARD R WEAVER. After the cash arrives: A comparative study of venture capital and private investor involvement in entrepreneurial firms [J]. Journal of Business Venturing, 1994, 9 (1): 67 – 82.

[76] SANJIB CHOWDHURY. Demographic diversity for building an effective entrepreneurial team: is it important [J]. Journal of Business Venturing, 2005, 20 (6): 727 – 746.

[77] SARAVATH S D, NICHOLAS D. Three views of entrepreneurial opportunity [M] //ACS Z J. Audretsch D B. Handbook of Entrepreneurship Research. Berlin: Springer, 2003: 141 – 160.

[78] SCHJOEDT L, KRAUS S. Entrepreneurial teams: definition and performance factors [J]. Management Research News, 2009, 32 (6): 513 -524.

[79] SHANE S, VENKATARAMAN S. The promise of entrepreneurship as a field of research [J]. Academy of Management Review, 2000, 25 (1): 217 -226.

[80] SHEPHERD D, KRUEGER N. Cognition, entrepreneurship & teams: An intentions - based perspective [J]. Entrepreneurship Theory & Practice, 2002, 27 (2): 167 -185.

[81] SIGGELKOW N. Evolution toward Fit [J]. Administrative Science, 2002 (47): 125 -159.

[82] SIMON M, HOUGHTON S M. The relationship among biases, misperceptions and introducing pioneering products: Examining differences in venture decision contexts [J]. Entrepreneurship Theory & Practice, 2002 (27): 105 -124.

[83] SITKIN S B, PABLO A L. Reconceptualizing the determinants of risk behavior [J]. Academy of Management Review, 1992, 17 (1): 9 -38.

[84] SOUNG HIE KIM, SANG HYUN CHOI, JAE KYEONG KIM. An interactive procedure for multiple attribute group decision making with incomplete information: Range - based approach [J]. European Journal of Operational Research, 1999 (118): 139 -152.

[85] STEVE WILLIAMS, MOHAMED ZAINUBA, ROBERT JACKSON. Affective influences on risk perceptions and risk intention [J]. Journal of Managerial Psychology, 2003, 18 (2): 126 -137.

[86] TAKEHIRO INOHARA. Cluster ability of groups and information exchange in group decision making with approval voting system [J]. Applied Mathematics and Computation, 2003 (136): 1 -15.

[87] TEACH R D, F A TARPLEY, R G SCHWARTZ. Software venture teams [J]. Frontiers of Entrepreneurship Research, 1986: 546 -562.

[88] TEAL E J, HOFER C W. The determinants of new venture success: Strategy, industry structure, and the founding entrepreneurial team [J]. The Journal of Private Equity, 2003 (3): 38 -51.

[89] THOMAS RIECHMANN. Genetic algorithm learning and evolutionary games [J]. Journal of Economic Dynamics & Control, 2001 (25): 1019 -1037.

[90] TIMMONS J A. New venture creation: Entrepreneurship for the 21st century [M]. 5th edition. New York: McGraw - Hill Higher Education, 2006.

[91] TOOBY J, COSMIDES L. The past explains the presents: Emotional adaptations and the

structure of ancestral environments [J]. Ethnology and Sociology, 1990 (11): 375 - 155.

[92] TVERSKY A, KAHNEMAN D. Rational choice and the framing of decisions [J]. Journal of Business, 1986 (59): 251 - 278.

[93] UTA SAILER, SIMON ROBINSON, FLORIAN PH S FISCHMEISTER, EWALD MOSER, ILSE KRYSPIN - EXNER, HERBERT BAUER. Imaging the changing role of feedback during learning in decision - making [J]. NeuroImage, 2007, 37 (4): 1474 - 1486.

[94] VYAKARNAM S, HANDELBERG J. Four themes of the impact of management teams on organizational performance: Implications for future research of entrepreneurial teams [J]. International Small Business Journal, 2005, 23 (2): 236 - 256.

[95] WATSON W E, PONTHIEU L D, CRITELLI J W. Team interpersonal process effectiveness in venture partnerships and its connection to perceived success [J]. Journal of Business Venturing, 1995 (10): 393 - 411.

[96] XIE KEFAN, CHEN GANG, DASH WU, WU QIAN. Learning mechanism of entrepreneurial team's risk decision making: A dynamic game analysis [J]. International Journal of Production Economics, 2011, 134 (1): 78 - 86.

[97] XINYU SHAO, GUOJUN ZHANG, PEIGEN LI, YUBAO CHEN. Application of ID3 algorithm in knowledge acquisition for tolerance design [J]. Journal of Materials Processing Technology, 2001, 117 (1 - 2): 66 - 74.

[98] XU ZESHUI. An approach based on the uncertain lowg and induced uncertain lowg operators to group decision making with uncertain multiplicative linguistic preference relations [J]. Decision Support Systems, 2004, 41 (2): 488 - 499.

[99] YEN J, BUI T X. The negotiable alternatives identifier for group negotiation support [J]. Applied Mathematics and Computation, 1999, 104 (2 - 3): 259 - 276.

[100] 安利平，陈增强，袁著社. 基于粗糙集理论的多属性决策分析 [J]. 控制与决策，2005，20 (3)：294 - 295.

[101] 白云涛，郭菊娥，席酉民，等. 权威类型、决策程序对高层管理团队决策结果影响的实验研究 [J]. 管理工程学报，2008 (4)：72 - 78.

[102] 白云涛，郭菊娥，席酉民. 高层管理团队风险偏好异质性对战略投资决策影响效应的实验研究 [J]. 南开管理评论，2007 (10)：25 - 30.

[103] 蔡莉，费宇鹏，朱秀梅. 基于流程视角的创业研究框架构建 [J]. 管理科学学报，2007，9 (1)：86 - 96.

[104] 陈刚，谢科范，郭伟. 创业团队结构对决策行为和决策质量的影响 [J]. 软科学，

2010（11）：84－88.

［105］陈刚，谢科范，刘嘉，等．非常规突发事件情景演化机理及集群决策模式研究［J］．武汉理工大学学报：社会科学版，2011，24（4）：458－462．［106］陈刚，谢科范．团队风险决策中的决策权分布［J］．统计与决策，2011（5）：65－67.

［107］陈海涛，蔡莉．创业机会特征维度划分的实证研究［J］．工业技术经济，2008，27（2）：82－86.

［108］陈银飞．判断与决策过程中的生态理性与社会理性［J］．现代管理科学，2006（9）：38－39.

［109］程启月，邱苑华，李建云．不确定性动态军事指挥决策的模糊熵分析［J］．系统工程理论方法应用，2002，11（13）：231－239.

［110］丁明磊，王春研．企业家创业的关键认知因素——创业自我效能研究［J］．管理现代化，2009（3）：12－14.

［111］丁明磊，杨芳，王云峰．试析创业自我效能感及其对创业意向的影响［J］．外国经济与管理，2009，31（5）：1－7.

［112］段锦云．基于认知惰性的创业风险决策框架效应双维认知机制研究［D］．浙江大学，2008.

［113］哥德·吉戈伦尔，彼得·M．托德及 ABC 研究组．简捷启发式让我们更精明［M］．刘永芳，译．上海：华东师范大学出版社，2002.

［114］龚向虎．有限理性下主体知识共享与转型绩效解释研究［D］．南京理工大学，2010.

［115］郭耀煌，刘家诚．格序决策行为公理体系及其效用函数存在惟一性定理［J］．西南交通大学学报，2001，36（3）：222－224.

［116］韩力争．创业自我效能感的理论界定［J］．南京财经大学学报，2006，6（142）：83－86.

［117］韩宇平，阮本清，汪党献．区域水资源短缺的多目标风险决策模型研究［J］．水利学报，2008，39（6）：667－673.

［118］何贵兵，于永菊．决策过程中参照点效应研究述评［J］．心理科学进展，2006，14（3）：408－412.

［119］何贵兵，曾建华．分布式群体在动态系统控制决策中的内隐学习［J］．心理学报，2003，35（6）：777－786.

［120］何贵兵．动态两难对策中信息反馈方式对合作行为的影响［J］．心理科学，2004，27（4）：876－880.

[121] 胡晓娣. 社会资本对创业机会识别的影响机理研究 [J]. 生产力研究, 2009 (20): 15 - 17.

[122] 胡毓达. 群体多目标决策的联合有效解类及其最优性条件 [J]. 上海交通大学学报, 1999, 33 (6): 642 - 645.

[123] 胡毓达. 群体决策的模糊偏爱公理和不可能性定理 [J]. 自然科学进展, 2000, 10 (12): 1094.

[124] 胡毓达. 随机偏爱群体决策和不可能性定理 [J]. 自然科学进展, 2002, 12 (6): 580 - 584.

[125] 胡毓达. 群体决策的偏差度分析 [J]. 运筹学学报, 1998 (2): 77 - 83.

[126] 华中生, 梁梁. 专家群体决策不一致性判定与调整方法 [J]. 系统工程学报, 1994 (1): 118 - 123.

[127] 姬海君. 征地过程中决策权的配置 [J]. 中央财经大学学报, 2008 (4): 87 - 90.

[128] 姜彦福, 邱琼. 创业机会评价重要指标序列的实证研究 [J]. 科学学研究, 2004 (2): 59 - 63.

[129] 姜艳萍, 樊治平. 基于二元语义符号运算的群决策方法 [J]. 系统工程与电子技术, 2003, 25 (1).

[130] 蒋鹏飞, 胡发胜, 王芳. 随机联盟收益下 Shapley 值的改进 [C]. 中国运筹学会第八届学术交流会论文集, 2006: 456 - 461.

[131] 勒取. 大学生风险倾向与风险感知对创业决策的影响研究——基于规则聚焦理论 [J]. 贵州商业高等专科学校学报, 2010, 23 (1): 67 - 71.

[132] 李爱梅, 高训浦, 田婕. 生态理性视角下风险决策的情绪机制研究 [J]. 统计与决策, 2009 (3): 63 - 65.

[133] 李炳军, 刘思峰. 一种基于区间数判断矩阵的群决策新方法 [J]. 中国管理科学, 2004 (6): 109 - 112.

[134] 李广海. 基于有限理性的投资决策行为研究 [D]. 天津大学, 2007.

[135] 李剑锋, 徐联仓. 企业经理风险决策行为的实证研究 [J]. 中国管理科学, 1996 (3): 17 - 26.

[136] 李勇军. 基于 DEA 理论的固定成本分摊方法研究 [D]. 中国科学技术大学, 2008.

[137] 李作战. 从创业团队的形成模式探究高绩效创业团队的特征因素 [J]. 学术论丛, 2008 (48): 48 - 49.

[138] 梁立. 动态认知资源加工与分布式决策技能研究 [D]. 杭州大学, 1997.

[139] 林宏杰. 基于模糊集合理论和 OWA 算子的群决策偏好集结模型 [J]. 厦门理工学

院学报，2007（6）：23－26.
［140］林旭东．企业集团内部信息联盟与决策权分配研究［J］．华中科技大学学报：自然科学版，2005（33）：121－124.
［141］刘嘉，许燕．团队异质性研究回顾与展望［J］．心理科学进展，2006，14（4）：636－640.
［142］刘树林，刘学军，朱涛．群体特征对群体决策绩效影响的研究综述［C］．人－机－环境系统工程研究进展（第七卷），2005：64－67.
［143］陆兴海．群体决策过程模型与群体相容性结构研究［D］．杭州大学，1996.
［144］马红民，李非．创业团队胜任力与创业绩效关系探讨［J］．现代管理科学，2008（12）：45－47.
［145］马昆姝，胡培．创业自我效能作用下的创业决策研究［J］．江苏商论，2008（8）：137－138.
［146］马昆姝，胡培．基于风险感知的创业决策研究［J］．软科学，2008，22（9）：104－109.
［147］苗青．基于规则聚焦的公司创业机会识别与决策机制研究［D］．浙江大学，2006：65－85.
［148］彭怡，胡杨．多阶段群体决策的帕累托最优策略［J］．四川大学学报：自然科学版，2007（44）：482－484.
［149］彭怡，胡杨．状态离散的确定性多阶段群体决策的满意策略［J］．运筹学学报，2006（1）：127－130.
［150］秦志林，胡毓达．群体决策选择函数的强稳定性［J］．上海交通大学学报，2001（10）：1587－1590.
［151］秦志林．群体决策与群体多目标决策的若干理论和方法［D］．上海交通大学，2000.
［152］邱菀华．管理决策与应用熵学［M］．北京：机械工业出版社，2001.
［153］任林旭．创业决策中的多层次适应性模型［D］．浙江大学，2006.
［154］沈冬薇，颜士梅．创业决策影响因素分析——基于内容分析的多案例研究［J］．科学管理研究，2009，27（4）：76－79.
［155］宋云．我国私营企业的治理结构与决策质量［J］．云南财经大学学报，2007（4）：148－153.
［156］苏波，王烷尘．群决策研究的评述［J］．决策与决策支持系统，1995，5（3）：115－124.

[157] 覃杰，赵克勤. 基于偏联系数的医院医疗质量发展趋势综合分析 [J]. 中国医院统计，2007，6 (14)：127－130.

[158] 汤明，沈超红. 创业自我效能感研究综述 [J]. 改革与开放，2009 (5)：124－125.

[159] 唐靖，张帏，高建. 不同创业环境下的机会认知和创业决策研究 [J]. 科学学研究，2007，25 (2)：328－333.

[160] 汪丽，茅宁，潘小燕，等. 董事会职能、决策质量和决策承诺在中国情境下的实证研究 [J]. 管理世界，2006 (7)：108－113.

[161] 王丹力，戴汝为. 专家群体思维收敛的研究 [J]. 管理科学学报，2002 (2)：1－5.

[162] 王仁超，王启文，等. 一种基于期望满意的群决策方法 [J]. 系统工程理论与实践，2000 (2)：12－16.

[163] 王越子. 经济演化解释的理性基础分析：基于适应性理性 [J]. 湖北经济学院学报，2007，5 (1)：26－30.

[164] 魏存平，邱菀华，王新哲. 一种新的模糊群体决策方法 [J]. 系统工程理论与实践，2001，21 (7)：81－86.

[165] 魏存平，邱菀华，杨继平. 群决策问题的 REM 集结模型 [J]. 系统工程理论与实践，1999 (8)：38－41.

[166] 吴畏. 直感决策参照点法在金融机构内部控制中的应用 [J]. 社会科学家，2005 (5)：279－280.

[167] 谢科范，陈刚，郭伟. 创业团队风险决策共享心智模型研究 [J]. 武汉理工大学学报，2010，32 (3)：142－146.

[168] 谢科范，陈刚，郭伟. 创业团队结构的三维模型及其实证分析 [J]. 软科学，2010，24 (3)：78－82.

[169] 谢科范，陈刚，刘慧. 创业团队风险决策的参照点机制 [J]. 系统工程理论与实践，2010，30 (5)：874－880.

[170] 谢科范，陈刚，马颖，等. 创业团队的理论与实践 [M]. 北京：知识产权出版社，2011.

[171] 谢科范，陈刚. 创业团队利益与风险配置 [J]. 系统工程，2010，28 (3)：114－119.

[172] 谢科范，赵湜. 创业风险的双缺口理论 [J]. 武汉理工大学学报，2010，32 (3)：142－146.

[173] 谢晓非，李育辉. 风险情景中的机会和威胁认知 [J]. 心理学报，2002，34 (3)：319 -326.

[174] 谢晓非，郑蕊. 风险沟通与公众理性 [J]. 心理科学进展，2003 (11)：379.

[175] 徐寒易，马剑虹. 共享心智模型：分布、层次与准确性初探 [J]. 心理科学进展，2008，16 (6)：933 -940.

[176] 徐泽水. 基于残缺互补判断矩阵的交互式群决策方法 [J]. 控制与决策，2005，20 (8)：913 -916.

[177] 薛庆国. 风险决策过程中的内隐心理研究 [D]. 华东师范大学，2001.

[178] 杨静. 风险决策影响因素的研究评述 [J]. 牡丹江大学学报，2009，18 (4)：125.

[179] 杨静文. 创业理论视角下企业集群发育形成机理研究 [D]. 南京理工大学，2005.

[180] 杨俊辉，宋合义，李亮. 国外创业团队研究综述 [J]. 科技管理研究，2009 (4)：256 -258.

[181] 杨雷，席酉民. 群体讨论对个体偏好极端性转移的影响 [J]. 系统工程，1997 (1)：9 -13.

[182] 杨雷. 群体决策理论与应用 [M]. 北京：经济科学出版社，2004.

[183] 杨蕾，席酉民. 理性群体决策的概率集结研究 [J]. 系统工程理论与实践，1988 (4)：90 -112.

[184] 张斌. 集对分析与多属性决策 [J]. 农业系统科学与综合研究，2004 (5)：123 -125.

[185] 张兵，李东坡. EMV、EOL 和 EUV 理论在风险决策中的应用分析 [J]. 西南民族大学学报：自然科学版，2010，36 (9)：35 -38.

[186] 张道武，汤书昆，方兆本. 进化的群体决策机制——联盟群决策方案德尔菲法一致性调整 [J]. 预测，2004，23 (3)：36 -40.

[187] 张道武，汤书昆，侯定丕. 企业合作联盟成员位次竞争战略的 Shapley 值分析 [J]. 运筹与管理，2003 (4)：1 -5.

[188] 张立，苗启虎，陈浩，王方华. 高科技创业企业融资中收益权与决策权配置 [J]. 上海交通大学学报，2006 (04).

[189] 张漪. 随机决策中个体的信念调整模型与检验——以科技期刊网络文献检索行为为例的研究 [D]. 南京理工大学，2008.

[190] 张振华. 创业团队胜任力结构与创业绩效的关系研究 [J]. 当代经济研究，2009 (12)：22 -25.

[191] 张振华. 创业团队胜任力结构与创业绩效关系的机理研究 [D]. 吉林大学，2009.

[192] 郑文婷，刘红美，余真. 多阶段群体满意决策最优算法 [J]. 数学的实践与认识，2008 (8)：44－48.

[193] 周劲波. 多层次创业团队决策模式及其决策绩效机制 [D]. 浙江大学，2005.

[194] 周劲波. 创业团队行为与创业绩效关系研究 [J]. 首都经济贸易大学学报，2009 (5)：63－68.

[195] 朱华燕，郑全全. MAU 程序和自由讨论的群体决策质量比较 [J]. 心理学报，2001，33 (6)：552－557.

[196] 庄锦英. 情绪影响决策内隐认知机制的实验研究 [D]. 华东师范大学，2003.

[197] 庄锦英. 论情绪的生态理性 [J]. 心理科学进展，2004，12 (5)：809－816.

[198] 邹筱，赵锋. 基于变权 Shapley 值的合作博弈赋权方法 [J]. 统计与决策，2010 (8)：156－158.

附　录

附录一：创业团队结构机理研究问卷

各位创业人士：

为了积极推进武汉市全民创业行动方案，在各区、县营造良好的创业支持环境，我们将对您所感知的创业支持与创业服务的情况进行了解。本调查问卷采取匿名的方式，请您按照您的真实情况如实作答，不必有任何顾虑。您的答案将为我们改进全民创业环境提供重要的参考。

感谢您对全民创业工作的支持！

武汉市全民创业工作领导小组

2008 年 9 月

一、您及您所在团队的基本信息

1. 您的性别：________；您的年龄：________；您的学历：________

2. 创业领域：①商贸；②工业；③（高）科技；④建筑业；⑤服务业；⑥其他________

3. 您的创业团队人数：________人

二、团队结构问卷

（请根据您的实际情况，在相应的字母选项上打“√”。其中，A = 完全不同意；B = 不完全同意；C = 同意；D = 比较同意；E = 完全同意）

序号	变　　量	A	B	C	D	E
1	本人所在创业团队技术、市场、生产和管理等各种关键角色齐全					
2	本人所在创业团队关键角色的权责利明确					
3	本人所在创业团队的关键角色人员配置合理					

续表

序号	变　　量	A	B	C	D	E
4	本人所在创业团队具备适应目前事业发展所需基本技能					
5	本人所在创业团队所有成员的基本技能不具同质性					
6	本人所在创业团队成员之间的技能具有互补性					
7	本人所在创业团队能做到权力与角色相匹配					
8	本人所在创业团队能做到权力与能力相适应					
9	本人所在创业团队能做到权责对等					
10	本人所在创业团队重视决策过程中的专家意见和头脑风暴法					
11	本人所在创业团队重视决策过程中的角色作用					
12	本人所在创业团队重视决策过程中的民主讨论和民主表决机制					
13	本人所在创业团队对现行创业方案没有异议					
14	我们是在创业条件较成熟、时机较恰当的情形下开始创业的					
15	我们对现行的创业决策并不后悔					

三、创业认知问卷

（请根据您的实际情况，在相应的字母选项上打“√”。其中，A = 完全不同意；B = 不完全同意；C = 同意；D = 比较同意；E = 完全同意）

序号	问　题	A	B	C	D	E
1	本企业现有的创业机会具有较好的行业/产业吸引力					
2	本企业现有的创业机会具有较好的经济收益					
3	本企业现有的创业机会具有较强的竞争优势					
4	创业团队有较好的特质/素质，足以满足现行创业机会的需要					
5	创业团队有一定的综合能力，能有效把握现行创业机会					
6	创业团队有不错的社会网络，足以满足现行创业机会的需要					
7	本人一直坚信本企业现行的创业机会是最佳选择					
8	大多数情况下本人不能确认公司决策会产生何种确定性结果					
9	大多数情况下本人不能确认决策出现某种结果的可能性有多大					
10	大多数情况下本人不能确保公司能很好地控制决策的各种可能结果					
11	大多数情况下本人担心如果公司的决策失败会导致较大的潜在损失					
12	大多数情况下本人担心公司的决策可能得不偿失					
13	本人没有感觉到本企业现行的创业有很高的风险					

附录二：武汉市政府创业政策及行为调查问卷

尊敬的创业者朋友：

您好！为了增进对武汉市全民创业政策现状的认识，我们拟定了创业政策及政府行为调查问卷。请您根据武汉市全民创业的现状，如实回答我们的问卷。本卷采用匿名方式回答，请在您选中的选项前打√。您的答案将为武汉市改进全民创业工作提供重要的参考。

《全民创业政策支持体系研究》课题组

2011 年 8 月

一、个人信息

（1）性别：□男　　□女

（2）年龄：□18～28 岁　□28～35 岁　□35～50 岁　□50 岁以上

（3）现在所创企业的年限：□1 年以下　□2 年　□3 年　□4 年以上

（4）现在所创企业的规模：

□5 人以下　□5～10 人　□10～20 人　□20～30 人　□30 人以上

二、决策行为

1. 在团队创业过程之中，很难实现权责利的对等。

A. 非常不同意　B. 比较不同意　C. 稍微不同意　D. 不置可否

E. 稍微同意　F. 比较同意　G. 非常同意

2. 在与他人合作创业过程之中，您比较关注您的权力。

A. 非常不同意　B. 比较不同意　C. 稍微不同意　D. 不置可否

E. 稍微同意　F. 比较同意　G. 非常同意

3. 在与他人合作创业过程之中，您比较关注和重视利益的分配。

A. 非常不同意　B. 比较不同意　C. 稍微不同意　D. 不置可否

E. 稍微同意　F. 比较同意　G. 非常同意

4. 在与他人合作创业过程之中，您比较关注和重视责任的分割。

A. 非常不同意　B. 比较不同意　C. 稍微不同意　D. 不置可否

E. 稍微同意　F. 比较同意　G. 非常同意

5. 在创业决策时，您的收益目标是：希望创业的预期收益超过________。

A. 近几年的收益　B. 某一期望的收益

C. 他人的收益水平　D. 上述三个目标都能实现

6. 在创业决策时，您的目标取向是：期望能通过创业________（可多选）。

A. 获得丰厚的利益　B. 提高社会地位及影响力

C. 实现理想与抱负　D. 名利双收

E. 其他

7. 在创业决策时，您的目标偏好是：关注________目标的实现。

A. 短期目标　B. 中期目标

C. 长期目标　D. 短、中、长期目标皆能兼顾实现

8. 在创业决策时，您的决策思路是：倾向于________。

A. 在一定的投入基础之上，获得产出越多越好

B. 以实现一定的产出为前提，投入越少越好

C. 为了实现一定的产出目标，多投入一些也没有关系

D. 只要不超出我的投入期望，少一些产出也没有关系

E. 产出投入的比例应高于某一标准